Kauderwelsch
Band 205

W0357760

Impressum

Daniel Krasa
Hindi für Bollywoodfans — Wort für Wort
erschienen im
Reise Know-How Verlag Peter Rump GmbH
Osnabrücker Str. 79, D-33649 Bielefeld
info@reise-know-how.de

© REISE KNOW-HOW Verlag Peter Rump GmbH
2. Auflage 2007
Konzeption, Gliederung, Layout und Umschlagklappen wurden speziell für die Reihe „Kauderwelsch" entwickelt und sind urheberrechtlich geschützt.
Alle Rechte vorbehalten.

Bearbeitung & Layout Svenja Lutterbeck
Layout-Konzept Günter Pawlak, FaktorZwo! Bielefeld
Umschlag Peter Rump (Titelfoto: Thomas Barkemeier)
Fotos Rainer Krack, Daniel Krasa
Druck und Bindung Fuldaer Verlagsanstalt GmbH & Co. KG, Fulda

ISBN: 978-3-89416-374-7
Printed in Germany

Dieses Buch ist erhältlich in jeder Buchhandlung der BRD, Österreichs, der Schweiz und der Beneluxländer. Bitte informieren Sie Ihren Buchhändler über folgende Bezugsadressen:
BRD Prolit GmbH, Postfach 9, 35461 Fernwald (Annerod) sowie alle Barsortimente
Schweiz AVA-buch 2000, Postfach 27, CH-8910 Affoltern
Österreich Mohr Morawa Buchvertrieb GmbH, Sulzengasse 2, A-1230 Wien
Belgien & Niederlande Willems Adventure, Postbus 403, NL-3140 AK Maassluis
direkt Wer im Buchhandel kein Glück hat, bekommt unsere Bücher zuzüglich Porto- und Verpackungskosten auch direkt über unseren Internet-Shop: **www.reise-know-how.de.**
Zu diesem Buch ist ein **AusspracheTrainer** erhältlich, auf **Audio-CD** in jeder Buchhandlung der BRD, Österreichs, der Schweiz und der Benelux-Staaten oder als **MP3-Download** unter **www.handyglobal.de**
Der Verlag möchte die **Reihe Kauderwelsch** weiter ausbauen und **sucht Autoren**!
Mehr Informationen finden Sie auf unserer Internetseite
www.reise-know-how.de/buecher/special/schreiblust-inhalt.html

Kauderwelsch

Daniel Krasa

Hindi für Bollywoodfans

Wort für Wort

REISE KNOW-HOW
im Internet
www.reise-know-how.de
info@reise-know-how.de

Aktuelle Reisetipps und Neuigkeiten, Ergänzungen nach Redaktionsschluss, Büchershop und Sonderangebote rund ums Reisen

Kauderwelsch-Sprechführer sind anders!

Dieser Band ist zwar kein „klassischer" Kauderwelsch, sondern ein speziell für Bollywood-Interessierte entwickelter Sprach- und Filmführer. Die bewährten Kauderwelsch-Grundsätze kommen aber selbstverständlich auch hier zur Anwendung. Sie lichten den indischen Sprachdschungel und helfen, sich in der bunten und magischen, aber auch fremden Welt Bollywoods zu orientieren:

Die **Grammatik** wird in einfacher Sprache so weit erklärt, dass es möglich wird, bald mit dem Sprechen zu beginnen, wenn auch nicht gerade druckreif.

Alle Beispielsätze werden doppelt ins Deutsche übertragen: zum einen **Wort-für-Wort**, zum anderen in „ordentliches" Hochdeutsch. So wird das fremde Sprachsystem sehr gut durchschaubar. Denn in einer Fremdsprache unterscheiden sich z. B. Satzbau und Ausdrucksweise recht stark vom Deutschen. Ohne diese Übersetzung ist es fast unmöglich, einzelne Wörter in einem Satz auszutauschen.

Die **Autorinnen** und **Autoren** der Reihe sind Globetrotter, die die Sprache im Land selbst gelernt haben. Sie wissen daher genau, wie und was die Leute auf der Straße sprechen. Auch der indische Film bedient sich der Umgangssprache. In diesem Buch finden Sie viele Sprüche und Ausdrücke, die in keinem Wörterbuch stehen.

Besonders wichtig, wenn man eine fremde Kultur verstehen lernen will, sind **Körpersprache, Gesten, Zeichen** und **Verhaltensregeln.** Im indischen Kulturkreis sind dies vor allem die Umgangsformen im Alltag, aber auch die Feste und Rituale des Hinduismus finden Erwähnung.

Kauderwelsch-Sprechführer sind keine Lehrbücher, aber viel mehr als Sprachführer! Wenn Sie ein wenig Zeit investieren und einige Vokabeln lernen, werden Sie mit ihrer Hilfe in kürzester Zeit schon Informationen bekommen und Erfahrungen machen, die „taubstummen" Kinobesuchern verborgen bleiben.

Inhalt

9 Vorwort
10 Bollywood
12 Hindi
15 Hinweise zur Benutzung
18 Über die Schrift
20 Aussprache & Umschrift
26 Wörter, die weiterhelfen

Kurzgrammatik

28 Gar nicht so schwer ...
29 Hauptwörter
31 Eigenschaftswörter
32 Dieses & Jenes
32 Persönliche Fürwörter
34 Tätigkeitswörter
38 Die Beugung
39 Mir & Mich
40 Haben
40 Auffordern & Befehlen
41 Verneinung
42 Zahlen & Zählen

Die Sprache des Films

45 Der indische Film
49 Die Liebe
54 Action & Spannung
56 Komödien
58 Thriller & Fantasy
60 Die bekanntesten Masterplots
74 Die Protagonisten

90 Die Produktion eines Bollywoodfilms
97 Die wichtigsten Regisseure
101 Die Musik & Song-and-Dance-Einlagen
105 Die indische Gesellschaft
117 Mode, Schmuck & Make-up
121 Die Familie
129 Hochzeit & Scheidung
137 Die wichtigsten Schauspielerinnen
144 Die wichtigsten Schauspieler
151 Die Anfänge Bollywoods
155 Bollywood & Deutschland
156 Die „Goldene Ära" der 50er & 60er Jahre
159 Amitabh & die 70er / Anfang 80er Jahre
163 Kommerzialisierung ab Mitte der 80er Jahre
165 Der neue Film (1994 bis heute)
168 Die Umgangssprache Mumbais

Anhang

173 Bücher & Webseiten
175 Filmliste
180 Wörterliste Hindi – Deutsch
192 Der Autor

Buchklappe vorne
Zahlen
Aussprache & Abkürzungen
Gehen wir ins Kino?

Buchklappe hinten
Die schönsten Liebeserklärungen
Die großartigsten Filmzitate
Die besten Sprüche

Vorwort

Lieben Sie sie auch, diese schmalzigen Liebesszenen, die exotischen Kostüme, das pausenlose Wechselspiel zwischen Melodram und Action und vor allem die bunten Tanzeinlagen, die einen innerlich zum Schmunzeln bringen? Falls ja, dann sind Sie wahrscheinlich auch schon längst ein Bollywoodfan. Seit kurzem erfreut sich das indische Kino in Europa eines gewaltigen Erfolges. Was bis vor nicht allzu langer Zeit unter eingefleischten Cineasten als „Trash" oder bestenfalls „Kitsch" abgetan wurde und daher nicht allzu viel Beachtung fand, erlebt seit wenigen Jahren einen wahren Siegeszug vor den TV-Bildschirmen und in den Kinos Deutschlands, Österreichs und der Schweiz. Filme wie „In guten wie in schlechten Zeiten", „Ich bin immer für dich da", „Monsoon Wedding" und andere gehören mittlerweile zum (fast) festen Repertoire unseres Fernsehabendprogramms. Durch diese Tatsache steigt vielerorts das Interesse an Indien, seinen Menschen und deren Leben.

Doch wie kann man ein Land verstehen, wenn man nicht zumindest ein wenig seiner Landessprache spricht? Und wie soll man einen Film genießen, wenn man ihn nicht in der Originalfassung sieht? Im vorliegenden Buch wird – neben dem Wichtigsten an

Sprachkenntnissen der indischen Nationalsprache Hindi – ein Einblick in die Welt Bollywoods und des indischen Films vermittelt. Und dabei werden nicht nur Sprachinteressierte einiges Kurioses, Lustiges und Spannendes erfahren. Dieses Buch ist eine nützliche Hilfe für jeden Bollywoodfan, denn seien wir doch mal ehrlich, zu Tränen gerührt Untertitel lesen macht doch keinen Spaß!

In diesem Sinne: **It happens only in India!**
Viel Spaß wünscht
Daniel Krasa

Bollywood

Ohne zu übertreiben, kann man zweifelsohne behaupten, dass Indien die filmverrückteste Nation der Welt ist. Der Film ist – mal abgesehen vom Cricket – der liebste Zeitvertreib der Inder. Es gehört dazu, die neuesten Streifen gesehen zu haben, ihre Filmmusik mitsingen zu können und die berühmtesten Schauspieler wie Götter zu verehren. Das Zentrum dieser Filmwelt ist Bollywood.

Der Name „Bollywood" ist in den 80er Jahren von einem indischen Journalisten geprägt worden und war anfangs eine eher unfreundlich gemeinte, abwertende Bezeichnung, die sich heute allerdings weltweit als eine Art Produktname durchgesetzt hat. Das

Seitenzahlen
Um Ihnen den Umgang mit den Zahlen zu erleichtern, wird auf jeder Seite die Seitenzahl auch auf Hindi angegeben!

B steht für „Bombay“ (das heute offiziell Mumbai heißt), denn hier befindet sich die größte Filmindustrie des Subkontinents.

Das Bollywoodkino wird in der indischen Nationalsprache Hindi gedreht, dadurch hat es auch den größten Einzugsbereich innerhalb des Landes und damit die umfangreichsten Produktionen und die bekanntesten Schauspieler. Dennoch bezeichnet Bollywood nicht die bunte Glitterwelt der Stars, wie es bei der amerikanischen Schwester der Fall ist, sondern es steht viel mehr für die Filmindustrie an sich. Bollywood ist keine unabhängige Stadt mit riesigen Studios und reichen Wohnvierteln, es ist vielmehr der Name einer Marke, ein Gütesiegel, das die Authentizität des Hindifilms verspricht.

Es stimmt, dass man indische Filme nicht ohne ein gewisses Grundwissen über Land und Leute verstehen kann, andererseits kann man auch Indien nicht verstehen, ohne seine Filme zu kennen …

Oft wird behauptet, dass Bollywood jedes Jahr etwa neunhundert Filme und somit dreimal so viel wie Hollywood produziert. Dies ist nicht ganz korrekt – aber nur deshalb nicht, weil der Begriff „Bollywood“ in der Regel nur das hindisprachige Kommerzkino bezeichnet. Richtig wird die Behauptung, zählt man die in anderen Sprachen (Tamil, Malayalam, Telugu etc.) gedrehten indischen Filme dazu, deren Produktionsstätten allerdings in Kodambakkam – in der Nähe der Hauptstadt des südlichen Bundesstaats Tamil Nadu, Chennai (Madras) gelegen und auch scherzhaft „Kollywood“ genannt – und Hyderabad – aufgrund der Sprache Telugu auch „Tollywood“ genannt – liegen.

In Pakistan hat sich in den letzten Jahren ebenfalls eine ernst zu nehmende Filmindustrie entwickelt. Ihr Zentrum ist in Lahore, weshalb man sie auch scherzhaft „Lollywood“ nennt.

Bollywood ist also mehr als eine lokale Traumfabrik, es ist eine gigantische Industrie, die Jahr für Jahr viele Milliarden Rupees einspielt und mittlerweile zu einem der wichtigsten Exportschlager Indiens geworden ist. Und wie sollte es da anders sein, als dass das Herz und die Seele eines Bollywoodfilms am besten durch die Sprache – das Hindi – ausgedrückt wird.

Hindi

Gerade in den südlichen Bundesstaaten des Landes konnte sich die Sprache bis dato nicht richtig durchsetzen. Zwar lernen theoretisch die meisten Schulkinder in Indien Hindi, trotzdem hatte die Sprache immer verhältnismäßig große Schwierigkeiten, sich als Medium aller Inder zu etablieren.

Das mit den Sprachen Indiens ist so eine Sache. Auf dem Subkontinent werden mehr als 1.600 Sprachen und Mundarten bzw. Dialekte gesprochen, die zu insgesamt 14 Hauptgruppen gehören. In der indischen Verfassung stehen – mit Englisch – insgesamt 23 offiziell anerkannte Sprachen (Assamesisch, Bengali, Bodo, Dogri, Gujarati, Hindi, Kannada, Kashmiri, Konkani, Maithili, Malayalam, Manipuri, Marathi, Nepali, Oriya, Punjabi, Sanskrit, Santali, Sindhi, Tamil, Telugu und Urdu), die in elf verschiedenen Schriften geschrieben werden. Die offizielle Amtssprache des Landes ist aber das Hindi.

Hindi ist eine indoeuropäische Sprache, die selbst dem Deutschen in einem gewissen Maße ähnlich ist. Es entwickelte sich aus dem Sanskrit über diverse altindische Mundarten (so genannte Prakritformen) und wurde, etwa seit dem 12. Jahrhundert, auch durch das Persische beeinflusst. Unter den islamischen Herrschern und später unter den Briten wurde die damals noch Hindustani genannte Sprache zunehmend zur Hauptverkehrssprache Nord- und Zentralindiens. Dies ist der Grund, warum nach der Unabhängigkeit Indiens die Staatsgründer dafür plädierten, Hindi zur Staatssprache zu machen.

Heute sprechen etwa 400 Millionen Menschen Hindi als Muttersprache, dazu kommen noch etwa 100 bis 150 weitere, die es als Zweitsprache beherrschen, Tendenz steigend.

Bollywoodfilme werden so gut wie immer auf Hindi gedreht. Durch ihren rasenden Erfolg haben sie in den vergangenen Jahren etwas erreicht, das die indische Regierung seit der Unabhängigkeit der Republik im Jahre 1947 noch nie geschafft hat, nämlich die Nationalsprache allen Indern näher zu bringen und darüber ein gemeinsames panindisches Nationalgefühl aufzubauen. Bollywoodfilme laufen heute im ganzen Land in der Originalfassung – wenn auch oftmals mit englischen oder regionalsprachlichen Untertiteln – und dadurch steigt das Interesse an Hindi auch in den Bundesstaaten, die traditionell gegen die Offizialisierung waren.

Dem Hindi sehr ähnlich ist auch die Nationalsprache Pakistans, das Urdu. Urdu-Sprecher verstehen problemlos Hindifilme und umgekehrt.

Bollywood Hindi

Hindi ist nicht gleich Hindi! Durch die Tatsache, dass Hindi seit 1947 Staatssprache ist, hat natürlich eine enorme sprachliche Entwicklung stattgefunden. Es war notwendig, das Idiom an die Gegebenheiten und Anfor-

Dieses Hindi lernen Ausländer normalerweise an der Universität, in Lehrbüchern oder in Sprachkursen.

derungen der Moderne anzupassen. Damit entstand eine Variante, die wie alle anderen Weltsprachen heute sowohl als Literatur-, Bildungs- und offizielle Amtssprache funktioniert.

Das Hindi Bollywoods ist anders! Wie alle anderen Filmindustrien unseres Planeten hat auch die indische den Anspruch, die Realität des Alltags widerzuspiegeln, und dabei spielt selbstverständlich die Sprache eine wichtige Rolle. Während sich die Filme der 50er und 60er Jahre noch an der poetischen Sprache des Theaters orientierten, fand in den 70ern der Bruch statt und man drehte die Filme in erster Linie in der üblichen Umgangssprache oder gar dem verrufenen Tapori. Das Hindi Bollywoods ist heute meistens die Sprache der Menschen auf der Straße, das heißt, es handelt sich oftmals um eine leicht vereinfachte, nicht immer grammatikalisch vollkommen richtige Version. Man orientiert sich häufig am Hindi Mumbais (Bombays), das bekannt dafür ist, Einflüsse aus praktisch allen indischen Regionalsprachen zu haben und sich durch eine besonders lockere Ausdrucksweise und einen eigenen Sprachrhythmus auszeichnet. Insbesondere in Filmen, die in der Unterwelt spielen, wird dieses auch als „Bambaiyya Hindi“ oder „Mumbaiyya Hindi“ bezeichnete Idiom verwendet. Natürlich finden sich hierbei viele Ausdrücke, die nicht zwangsläufig in jedem Wörterbuch stehen. In diesem Buch werden die Wichtigsten von ihnen erklärt.

Als Tapori bezeichnet man den Gaunerslang der Bombayer Unterwelt. Der Ausdruck kommt von **taporī**, *das in etwa Landstreicher bzw. Überlebenskünstler heißt.*

Hinweise zur Benutzung

Der Sprechführer „Hindi für Bollywoodfans“ gliedert sich in die drei wichtigen Hauptabschnitte „Kurzgrammatik“, „Die Sprache des Films“ und „Wörterliste“.

Kurzgrammatik

Dieser Sprechführer ist nicht primär zum Erlernen des Hindi konzipiert, dadurch beschränkt sich die Grammatik auf das Wesentliche und ist so einfach gehalten wie möglich. Deshalb sind auch nicht alle Ausnahmen und Unregelmäßigkeiten der Sprache erklärt.

Sie müssen den Grammatikteil nicht unbedingt von vorne bis hinten durcharbeiten, sondern können natürlich auch sofort mit dem Konversationsteil beginnen und die Grammatik nur zum Nachschlagen verwenden.

Die Sprache des Films

Die Sprache des Films: In diesem Teil finden Sie Sätze aus den Bereichen Film und Kino, die Ihnen nicht nur einen Eindruck davon geben sollen, wie das Hindi „funktioniert“, sondern Ihnen auch wichtige und bekannte Sätze aus berühmten Bollywoodfilmen vermitteln sollen. Die angegebenen Beispiele sind dabei so ausgewählt, dass sie auch demjenigen, der bereits etwas Hindi spricht, einiges Neues bringen.

Wort-für-Wort-Übersetzung

Damit Sie die Wortfolge des Hindi in den Beispielsätzen nachvollziehen können, ist eine Wort-für-Wort-Übersetzung in *kursiver*

Im Laufe dieses Buches werden oft Filmtitel angegeben. Bei all diesen Filmen handelt es sich um sehenswerte „Klassiker" des indischen Kinos. Um Verwechslungen auszuschließen, wird neben dem Titel in Klammern auch der Name des Regisseurs, sowie das Produktionsjahr angegeben.

Schrift ergänzt. Jedem Wort im Hindi entspricht ein Wort in der Wort-für-Wort-Übersetzung. Wird ein Wort im Hindi im Deutschen durch zwei Wörter übersetzt, sind diese in der Wort-für-Wort-Übersetzung durch einen Bindestrich verbunden, z. B.:

Tum āoge.
du kommen-wirst(m,Mz)
Du wirst kommen.

Kitnā?
wie-viel
Wie viel?

Werden in einem Satz mehrere Wörter angegeben, die man untereinander austauschen kann, steht ein Schrägstrich.

Sinemā/shaucālay kahāñ hai?
Kino(m)/Toilette(m) wo ist
Wo ist das Kino/die Toilette?

Persönliche Fürwörter, Haupt- und Eigenschaftswörter können im Hindi gebeugt werden. Es gibt neben dem 1. Fall (ungebeugt) jedoch nur einen weiteren Beugungsfall. Damit man erkennt, ob ein Wort gebeugt wurde, wird der Zusatz „(g)" als Abkürzung für „gebeugt" ergänzt.

Die Kennzeichnung „[g]" bedeutet, dass ein Wort an dieser Stelle aufgrund der Grammatik zwar gebeugt werden muss, in diesem speziellen Fall aber aufgrund seiner lautlichen Beschaffenheit nicht gebeugt ist. „Mir/mich, dir/dich" etc. werden in der Wort-für-Wort-Übersetzung nicht mit „(g)" gekennzeichnet.

is gāne meñ.	**is film meñ**
diesem Lied(g) in	*diesem Film[g] in*
in diesem Lied	in diesem Film

Nebenstehend alle verwendeten Abkürzungen auf einen Blick.

m	männlich (maskulin)
w	weiblich (feminin)
Ez	Einzahl (Singular)
Mz	Mehrzahl (Plural)
g	gebeugtes Wort

Mit Hilfe der Wort-für-Wort-Übersetzung können Sie die Beispielsätze leicht Ihren eigenen Bedürfnissen anpassen, auch wenn das Ergebnis nicht immer perfekt ausfällt.

Wörterlisten

Die Wörterlisten am Ende des Buches helfen Ihnen dabei. Sie enthalten einen auf das Thema Film ausgelegten Grundwortschatz Hindi - Deutsch von ca. 1000 Wörtern, mit denen man schon eine Menge anfangen kann.

Umschlagklappe

Die Umschlagklappe hilft, die wichtigsten Sätze und Formulierungen stets parat zu haben. Hier finden sich schnell die wichtigsten Angaben zur Aussprache, den Abkürzungen und den Zahlen.

Außerdem stehen hier noch, neben „Gehen wir ins Kino?", die schönsten Liebeserklärungen, die großartigsten Filmzitate und besten Sprüche des Bollywoodkinos.

Aufgeklappt ist der Umschlag eine wesentliche Erleichterung, da nun die gewünschte Satzkonstruktion mit dem Vokabular aus den einzelnen Kapiteln kombiniert werden kann.

Über die Schrift

Hindi wird, genau wie Marathi, Nepali und natürlich Sanskrit, in der Devanagari-Schrift geschrieben. Dieses Alphabet besteht aus 46 Zeichen, 35 Konsonanten und 11 Vokalen. Devanagari ist eine phonetische Schrift, d. h. dass praktisch jedes Zeichen einem Ton entspricht. Man schreibt wie bei uns von links nach rechts.

In der folgenden Übersicht wird die in diesem Kauderwelsch-Band verwendete lateinische Lautschrift den Hindi-Zeichen gegenüber gestellt. Die Reihenfolge hält sich an das Devanagari-Alphabet.

अ **a**	आ **ā**	इ **i**	ई **ī**	उ **u**	ऊ **ū**
ऋ **ri**	ए **è**	ए **ai**	ओ **o**	औ **au**	
क **k/q**	ख **kh**	ग **g**	घ **gh**	ङ **ṅ**	
च **c**	छ **ch**	ज **j/z**	झ **jh**	ञ **ñ**	
ट **ṭ**	ठ **ṭh**	ड **ḍ/ṛ**	ढ **ḍh**	ण **ṇ**	
त **t**	थ **th**	द **d**	ध **dh**	न **n**	
प **p**	फ **ph**	ब **b**	भ **bh**	म **m**	
य **y**	र **r**	ल **l**	व **v**	ष **ṣ**	
श **sh**	स **s**	ह **h**	क्ष **ksh**	ज्ञ **dny**	

Bitte beachten Sie: von der Lautschrift lässt sich nicht immer eindeutig auf das Hindi-Zeichen schließen. Ist es Ihnen jedoch gelungen, die Schriftzeichen in der Tabelle wiederzufinden, können Sie diese in Lautschrift umschreiben!

Aussprache & Umschrift

Um die Beispielsätze ohne Kenntnis der Devanagari-Schrift sofort ablesen zu können, wird in dem vorliegenden Kauderwelsch-Band „Hindi für Bollywoodfans" eine Lautschrift mit lateinischen Buchstaben verwendet.

Mitlaute

Das Hindi legt vor allem auf die richtige Aussprache der Mitlaute (Konsonanten) großen Wert.

In der englischen Umschrift wird **c** *immer als „ch", und* **ch** *meist als „chh" geschrieben. Bedenken Sie dies, wenn Sie in der Wörterliste dieses Buches ein bestimmtes Wort suchen.*

k	„k" wie in „**K**ino"; **kaho** (sag)
q	ein dumpfes, weit im Rachen gesprochenes „k" (kommt v. a. in Urdu-Lehnwörtern vor); **bandūq** (Gewehr)
kh	leicht verlängertes, behauchtes „k" wie in „E**ckh**aus"; **khūbsūrat** (schön) – wird auch manchmal wie ein deutsches „ch" in „Ba**ch**" gesprochen.
g	„g" wie in „**g**ut"; **gulām** (Sklave)
gh	leicht verlängertes, behauchtes „g" wie in „Ber**gh**ütte"; **ghar** (Haus)
ṅ	ein „n" wie in „**N**ase", kommt nur vor den Lauten **k**, **q**, **kh**, **g** und **gh** vor; **Gaṅgā** (Ganges)
c	stimmloses „tsch" wie in „Qua**tsch**"; **corī corī** (heimlich)
ch	leicht verlängertes, behauchtes „tsch" wie in „Pa**tschh**and"; **kuch** (etwas)

j	stimmhaftes „dsch" wie in „**Dsch**ungel" oder wie „j" im englischen „**J**ohn"; **jaṅgal** (Dschungel)	
z	stimmhaftes „s" wie in „**S**auna"; **zañjīr** (Kette, Fesseln, Handschellen)	
jh	leicht verlängertes, behauchtes „j"; **Jhāṃsī** (Jhansi)	*Stadt in Zentralindien*
ñ	Dieses Zeichen bewirkt, dass der davor stehende Selbstlaut nasal ausgesprochen wird, etwa wie im französischen „réductio**n**", das „n" wird nicht richtig ausgesprochen. Dieser Laut steht v. a. vor den Buchstaben **c, ch, j, z** und **jh; Pañjāb** (Pandschab)	*Provinz in Nordwestindien*
ṭ	ein „t", bei dem die Zunge nach innen gerollt und gegen den Gaumen gedrückt wird (retroflex); **ṭāṅg** (Bein)	
ṭh	leicht verlängertes, behauchtes retroflexes „th" wie im engl. „grea**t h**ouse"; Führen Sie die Zunge an den Gaumen und sprechen Sie ein deutlich gehauchtes „t". Wenn ein Luftschwall auf der Unterlippe zu spüren ist, sind Sie nahe dran ...; **ṭhākur** (Idol, Oberhaupt, Anführer)	**Ṭhākur** *ist außerdem ein in Bollywoodfilmen häufig vorkommender Nachname einer hohen (meist reichen, aber ausbeuterischen) Kaste von sogenannten* **zamīndār** *(Großgrundbesitzern).*
ḍ	ein „d", bei dem die Zunge nach innen gerollt und gegen den Gaumen gedrückt wird (retroflex); **ḍākū** (Bandit, Gangster)	
ṛ	ein „r", bei dem die Zunge nach innen gerollt und gegen den Gaumen gedrückt wird (retroflex), dieser Laut klingt wie das amerikanische „r" in „g**r**eat"; **pakaṛnā** (fangen)	

ḍh	leicht verlängertes, behauchtes retroflexes „d" wie im engl. „ma**dh**ouse"; **ḍhol** (große Trommel)
ṇ	Dieser Laut ist einer der schwierigsten des Hindi, Gott sei Dank kommt er auch nur sehr selten vor. Es handelt sich um ein „n", bei dem die Zunge nach innen gerollt, gegen den Gaumen gedrückt (retroflex) und hart ausgesprochen wird; **kripāṇ** (Dolch)
t	einfaches „t" wie in „**T**eig"; **tum** (du, ihr, Sie)
th	leicht verlängertes, behauchtes „t" wie in „Ä**th**er"; **thānā** (Polizeikommissariat)
d	einfaches „d" wie in „**D**onau"; **dil** (Herz)
dh	leicht verlängertes, behauchtes „d" wie in „Han**dh**abung"; **dhūm** (Aufruhr)
n	„n" wie in „**N**uss"; **nām** (Name)
p	ein deutsches „p" wie in „**P**ass"; **pākīzā** (keusch, rein)
ph	leicht verlängertes, behauchtes „p" wie in „Kla**pph**ocker"; **phūl** (Blume)
f	„f" wie in „**F**euer"; **farz** (Pflicht)
b	wie deutsches „b" in „**B**ett"; **bāzār** (Markt, Bazar)
bh	leicht verlängertes, behauchtes „b" wie in „a**bh**auen"; **Bhārat** (Indien)
m	„m" wie in „**M**ann"; **muhabbat** (Liebe)
ṃ	nasales „m" , das bewirkt, dass der davor stehende Selbstlaut durch die Nase gesprochen wird, etwa wie im portugiesischen „bo**m**", das „m" wird dabei nicht richtig ausgesprochen; **saṃskrit** (Sanskrit)

Dieser Laut steht v. a. vor den Buchstaben **y**, **v**, **s**, **sh** *und* **l**.

y	„j" wie in „**J**ahr"; **yog** (Yoga)
r	ein gerolltes Zungen-r wie im italienischen „**R**oma"; **rājā** (König)
l	„l" wie in „**l**aut"; **lajjā** (Schande)
v	Halblaut zwischen „w" und „u" wie im englischen „**w**hat". Nicht wie das deutsche „w" oder „v"; **vaqt** (Zeit)
sh	wie „sch" in „**Sch**ule"; **shahanshāh** (König der Könige)
ṣ	Dieses „s" wird zwischen „sch" und einem stimmlosen „s" gesprochen. Dieser Laut kommt nur in Sanskrit-Lehnwörtern vor und existiert nicht im Deutschen; **varṣā** (**Regen**)
s	stimmloses „s" wie in „Bu**s**"; **sarfarosh** (furchtlos)
h	deutlich gehauchtes „h" wie in „**h**allo"; **hindū** (Hindu)

In der englischen Umschrift wird **v** *oft als „w" geschrieben, aus* **vaqt** *wird also* **waqt**.

Selbstlaute

Die Selbstlaute (Vokale) können sowohl lang als auch kurz ausgesprochen werden.

a	kurzes „a" wie in „d**a**nn"; **das** (zehn)
ai	kurzes „ä" wie in „B**ä**lle"; **voh hai** (er ist)
au	ganz kurzer Laut zwischen „o" und „au" wie im französischen „**au**", nicht wie das deutsche „au"; **khauf** (Angst, Furcht)
ā	langes „a" wie in „M**a**l"; **pyār** (Liebe)
e	„e" wie in „T**ee**"; **lekin** (aber)
i	kurzes „i" wie in „b**i**tte"; **ijāzat** (Erlaubnis)

In der englischen Umschrift wird **a** *manchmal als „u" geschrieben, allerdings nicht immer. Der Film* **Hum Tum** *(Kunal Kohli, 2004) mit Saif Ali Khan und Rani Mukherjee in den Hauptrollen spricht sich eigentlich* **Ham Tum***!*

ī	langes „i" wie in „S**ie**b"; **jaldī** (schnell)
o	kurzes „o" wie in „s**o**ll"; **motī** (Perle)
u	kurzes „u" wie in „Schutt"; **judā** (getrennt)
ū	dieser Laut klingt wie ein langes „u", z. B. in „**U**hr"; **jūtā** (Schuh)

Filmtitel & die Lautschrift

Die Filmtitel werden in diesem Buch ausschließlich auf Hindi angegeben. Am Ende finden Sie eine Liste mit den wichtigsten vorgestellten Filmen und deren – soweit verfügbar – deutschen Titeln.

Die hier verwendete Lautschrift entspricht der international üblichen, anzumerken ist aber, dass Filmtitel immer vereinfacht lautschriftlich ins Englische übertragen werden. Da viele Laute des Hindi keine eindeutige Entsprechung im Englischen haben, entstehen hier manchmal Diskrepanzen. So treten beispielsweise folgende Veränderungen auf:

Vagabund	**Āvārā** **Awara** (Raj Kapoor, 1951)
Flammen	**Shole** **Sholay** (Ramesh Sippy, 1975)
Die Mutter 1084	**Hazār caurāsī kī māñ** **Hazaar Chaurasi Ki Maa** (G. Nihalani, 1997)

Betonung

Es werden immer die langen Selbstlaute **(ā, ī, ū)** eines Wortes betont. Kommen in einem Wort zwei lange Selbstlaute vor, wird der letztere betont. Gibt es keinen langen Selbstlaut, wird der erste kurze betont.

calbāz	Schwindler
lācār	hilflos
santoṣ	Zufriedenheit

Eine wichtige Ausnahme bilden die Tätigkeitswörter (Verben), bei denen nie die letzte Silbe **(-nā)** betont wird, sondern gemäß den obigen Regeln entweder der letzte lange Selbstlaut oder der erste kurze.

banānā	machen
karnā	tun, machen
pīnā	trinken

Englische Lehnwörter

Im Hindi findet man viele Wörter aus dem Englischen. Wenn in diesem Buch ein solches aufgeführt wird, geben wir dieses in der Wort-für-Wort-Übersetzung in Anführungsstrichen an, um zu zeigen, dass es sich um ein Lehnwort handelt, z. B.:

Das Wort „Operation" wird dabei folglich auf Englisch – oder besser gesagt auf indischem Englisch – ausgesprochen.

Operation karnā paṛegā!
„Operation" machen fallen-wird
Wir müssen (unbedingt) operieren!

Wörter, die weiterhelfen

Viele dieser Wörter und Begriffe sind aus dem Urdu entlehnt, sie entsprechen aber der gesprochenen Sprache der Menschen in indischen Großstädten.

Im Folgenden einige wichtige Wendungen und Vokabeln, die im Umgang mit Hindi-Sprechern wichtig sein können. Sie benötigen dafür keine Grammatikkenntnisse, sondern können sofort mit dem Sprechen beginnen.

Zarā batāīe!
Entschuldigung, sagen Sie bitte ...!

Mihrbānī karke!
Bitte!

Shukriyā!
Danke!

Gibt es ...?

... milegā?
... treffen-wird
Gibt es ...?

Āj calcitr milegā?
heute Film treffen-wird
Gibt es heute einen Film?

Kaunsā calcitr milegā?
welcher Film treffen-wird
Welchen Film gibt es?

„Ja“ und „Nein“ sind in Indien für den Laien nicht leicht zu unterscheiden, denn Inder wackeln leicht mit dem Kopf von links nach rechts, wenn sie etwas bejahen und schütteln ihn kurz, wenn sie verneinen.

In diesen Satz kann man statt **calcitr** alle passenden Vokabeln aus der Wörterliste unverändert einsetzen. Mögliche Antworten hierauf sind:

Hāñ, milegā!
ja, treffen-wird
Ja, es gibt.

Nahīñ milegā!
nicht treffen-wird
Nein, gibt es nicht.

Wo ist ...?

... kahāñ hai?
... wo ist
Wo ist ...?

Sinemā kahāñ hai?
Kino wo ist
Wo ist das Kino?

Yeh calcitr kahāñ milegā?
Dieser Film treffen wird
Wo gibt es diesen Film?

lefṭ	links	**yahāñ**	hier
rayṭ	rechts	**vahāñ**	dort
sidhā	geradeaus		

Ich suche ...

Maiñ ... kī talāsh kar rahā/rahī hūñ.
ich ... von(w) Suche(w) machen bleiben(m/w) bin
Ich suche nach ...

Maiñ ... saṛak kī talāsh kar rahā/rahī hūñ.
ich ... Straße von(w) Suche(w) machen bleiben(m/w) bin
Ich suche nach der ...-Straße.

Ich möchte/will ... (haben).

Mujhe ... cāhiye.
ich ... wollend
Ich möchte ...

Mujhe ek ṭikaṭ cāhiye.
ich eins Eintrittskarte(m) wollend
Ich möchte eine Eintrittskarte.

Wie viel kostet ...?

Yeh ... kitnā lagtā hai?
dieser ... wie-viel kosten(m) ist
Wie viel kostet ...?

Voh kitnā lagtā hai?
jener wie-viel kosten(m) ist
Wie viel kostet das (da)?

Yeh kyā hai?
dieser was ist
Was ist das?

Yeh ṭikaṭ kitnā lagtā hai?
diese Eintrittskarte(m) wie-viel kosten(m) ist
Wie viel kostet die Eintrittskarte?

Gar nicht so schwer ...

Dieser Grammatikteil hat nicht den Anspruch, umfassend und komplett zu sein, sondern er soll nur einen kleinen ersten Einstieg ins Hindi geben. Wer sich näher mit der Sprache beschäftigen möchte, dem sei der Kauderwelsch Band 17 „Hindi – Wort für Wort" empfohlen.

Auf den ersten Blick mag das Hindi kompliziert und fremd wirken, wer sich aber näher mit den Strukturen der Sprache und deren Grammatik beschäftigt, der wird darauf kommen, dass es gar nicht so schwer ist, sich ein Minimum dieser Sprache anzueignen. Das Hindi ist entfernt mit dem Deutschen verwandt und in der Tat finden sich reichlich Parallelen zwischen den beiden Sprachen. Auf den nächsten Seiten finden Sie das Notwendigste an Hindi-Grammatik, um in kürzester Zeit in der Lage zu sein, einfache Sätze zu bilden.

Hauptwörter

Im Hindi gibt es männliche und weibliche Hauptwörter.

grammatisches Geschlecht

Weibliche Hauptwörter enden grundsätzlich auf **-ī**:

sabzī	Gemüse	**kursī**	Stuhl
almārī	Schrank	**khiṛkī**	Fenster
gāṛī	Auto, Zug, Wagen		

Männliche Hauptwörter enden auf **-ā** oder einen anderen Buchstaben.

kamrā	Zimmer	**sholā**	Flamme
darvāzā	Tür	**rūpīā**	Rupee
nām	Name	**bāp**	Vater

Männliche Hauptwörter, die sich auf ein Lebewesen beziehen, können sich auf ein weibliches beziehen, wenn die Endung **-ā** durch **-ī** ausgetauscht wird!

laṛkā	Junge	**laṛkī**	Mädchen
beṭā	Sohn	**beṭī**	Tochter

Zwar gibt es hier eine Menge Ausnahmen, die uns aber nicht allzu sehr interessieren müssen.

Bei Hauptwörtern, die Personen bezeichnen, bestimmt das natürliche Geschlecht übrigens immer das grammatische, auch wenn das Hauptwort eine untypische Endung hat.

Artikel

Das Hindi kennt keine Artikel wie im Deutschen („der, die, das"). Wie ein Hauptwort übersetzt wird, hängt vom Zusammenhang ab. So kann **ādmī** (Mann) mit „der Mann" oder „ein Mann" übersetzt werden.

Mehrzahl

Männliche Hauptwörter, die auf **-ā** enden, tauschen dieses in der Mehrzahl durch **-e** aus. Männliche Hauptwörter mit anderen Endungen bleiben unverändert.

shole	Flammen
laṛke	Jungen
ādmī	Mann, Männer

Weibliche Wörter, die auf **-ī** enden, tauschen dieses durch **-iyāñ** aus. An weibliche Hauptwörter, die auf einen anderen Buchstaben enden, wird **-eñ** angehängt.

beṭiyāñ	Töchter
mezeñ	Tische
muhabbateñ	Lieben, Liebesgeschichten

Eigenschaftswörter

Das Hindi unterscheidet zwei Arten von Eigenschaftswörtern: erstens die veränderlichen, die in der Grundform auf **-ā** enden, und zweitens die unveränderlichen, die auf einen anderen Buchstaben enden.

baṛā	groß
sāf	sauber

Die Eigenschaftswörter richten sich in Zahl und Geschlecht nach dem zugehörigen Hauptwort. Die Grundform der veränderlichen Eigenschaftswörter ist immer die männliche Form Einzahl mit der Endung **-ā.** Wie Hauptwörter ersetzen diese für die Mehrzahl das **-ā** durch **-e.** Für ein weibliches Eigenschaftswort wird **-ā** durch **-ī** ersetzt, und zwar sowohl für die Ein- als auch für die Mehrzahl.

baṛā laṛkā	großer Junge
baṛe laṛke	große Jungen
choṭī laṛkī	kleines Mädchen
choṭī laṛkiyāñ	kleine Mädchen

Die Eigenschaftswörter stehen wie im Deutschen immer vor dem Hauptwort, auf das sie sich beziehen.

Mit unveränderlichen Eigenschaftswörtern ist das natürlich etwas einfacher:

sāf kamrā	sauberes Zimmer
sāf kamre	saubere Zimmer

Dieses & Jenes

Um etwas Bestimmtes zu bezeichnen, benützt man die unveränderlichen hinweisenden Fürwörter **yeh** und **voh:**

yeh	dieses hier (Ez); diese hier (Mz)
voh	jenes dort (Ez); jene dort (Mz)

Die hinweisenden Fürwörter stehen immer vor dem Hauptwort, auf das sie sich beziehen.

yeh abhinetā
dieser Schauspieler

voh abhinetrī
jene Schauspielerin

Persönliche Fürwörter

Vorsicht! Auf Hindi gilt es als höflich, sein Gegenüber in der Mehrzahl anzusprechen. Speziell Frauen reden auch von sich selbst als „wir“.

Die persönlichen Fürwörter (Personalpronomen) kennen im Unterschied zum Deutschen mehrere Varianten für die Anrede. Des Weiteren wird „er“ und „sie“ in der Ein- und Mehrzahl mit den hinweisenden Fürwörtern **yeh** und **voh** umschrieben.

ich, du, er & sie

maiñ	ich
tū	du (sehr persönlich und intim)
yeh	er, sie (hier)
voh	er, sie (dort)

ham	wir, ich
tum	du, ihr (höflich)
āp	ihr, Sie (sehr höflich)
yeh/ye	sie (hier)
voh/ve	sie (dort)

In Hindifilmen wird das persönlich intime **tū** *nur im Gespräch einer Mutter mit ihren Kindern und abwertend im Streit verwendet.* **Tū** *kann sehr beleidigend klingen, wird aber in Indien auch ab und zu unter guten Freunden benutzt.*

maiñ aur tum
ich und du

ham tum
wir (ich) und du

Die verschiedenen Anredeformen des Hindi haben mit ihrer deutschen Übersetzung oft wenig gemein. So hat es in Indien nichts damit zu tun, wie gut man eine Person kennt, um sie zu siezen oder duzen, sondern es kommt vielmehr auf die Situation und die gesellschaftliche Stellung an.

Bei älteren Personen (meist auch dem eigenen Vater und Ehemann) und all denen, die scheinbar Respekt verdienen, also Polizisten, Richtern, Ärzten usw., wird als Anrede unbedingt **āp** verwendet.

Tum *ist eine Mischung aus unserem „du" und „Sie". Man benützt es für Jüngere und Gleichaltrige. Liebespaare und gute Freunde betiteln sich in den Filmen häufig mit* **tum**.

mein & dein

merā	mein
terā	dein (intim)
iskā	sein; ihr (hier)
uskā	sein; ihr (dort)
hamārā	unser
tumhārā	dein, euer (höflich)
āpkā	euer; Ihr (sehr höflich)
inkā	ihr (hier)
unkā	ihr (dort)

Sie haben die gleichen Endungen und richten sich in Zahl und Geschlecht nach dem dazugehörigen Hauptwort. Sie sind immer vorangestellt.

Die besitzanzeigenden Fürwörter verhalten sich wie die veränderlichen Eigenschaftswörter.

merā dost	mein Freund
tere paise	dein Geld
tumhārī gāṛī	euer Auto

Tätigkeitswörter

Die Tätigkeitswörter sind im Hindi ein umfassendes, wenn auch nicht kompliziertes Kapitel. Im Rahmen dieses Buches stellen wir nur das Allernotwendigste vor.

Grundform

Die Grundform der Tätigkeitswörter (Verben) ist zusammengesetzt aus dem Stamm und der Endung **-nā**.

jānā	gehen	**ānā**	kommen
khānā	essen	**honā**	sein

„sein" in der Gegenwart

Das Tätigkeitswort **honā** (sein) kann im Hindi Vollverb und Hilfsverb sein, wird also auch zur Bildung einiger Zeitformen benötigt.

maiñ	**hūñ**	ich bin
tū, yeh/voh (Ez)	**hai**	du bist, er/sie ist
tum	**ho**	du bist, ihr seid
ham, āp, ye/ve	**haiñ**	wir sind, ihr seid, Sie sind, sie sind

Maiñ nirdeshak hūñ.
ich Regisseur bin
Ich bin Regisseur.

honā *steht – wie auch alle anderen Tätigkeitswörter – immer am Satzende.*

Ham tumhāre haiñ sanam!
wir dein sind Liebling
Ich bin dein, o Liebling!

Kal ho nā ho?
morgen sei nicht sei
Wird es ein Morgen geben?

Der Stamm **ho** *alleine bedeutet „sei“ oder „mag es sein“.*

Andere Tätigkeitswörter in der Gegenwart

Die Gegenwart ist eine zusammengesetzte Zeit, bei der die Grundformendung **-nā** durch die Endung **-tā** augetauscht wird. Die Endung **-tā** richtet sich in Zahl und Geschlecht nach der Person, von der die Rede ist, und zwar mit dem bereits bekannten Endungsmuster der Eigenschaftswörter. Also **-tā** für männlich Einzahl, **-te** für männlich Mehrzahl und **-tī** für weiblich Ein- und Mehrzahl. Die so entstandenen Verbformen werden mit dem gebeugten, gerade kennen gelernten Tätigkeitswort **honā** (sein) kombiniert.

für ...	m	w	
ich gehe	**maiñ ... hūñ**	**jātā**	**jātī**
du gehst, er/sie geht	**tū, yeh/voh** (Ez) **... hai**	**jātā**	**jātī**
wir, Sie, sie gehen	**ham, āp, ye/ve ... haiñ**	**jāte**	**jātī**
du gehst, ihr geht	**tum ... ho**	**jāte**	**jātī**

Tum film dekhte ho.
du Film sehen bist
Du siehst einen Film.

Vergangenheit

Um Tätigkeitswörter in die Vergangenheit zu setzen, hängt man an den Verbstamm ein **-ā** an. Diese Endung richtet sich wieder in Zahl und Geschlecht nach der Bezugsperson. Also **-ā** für männlich Ez, **-e** für männlich Mz, **-ī** für weiblich Ez und (Achtung!) **-īñ** für weiblich Mz.

Endet der Verbstamm auf einem Selbstlaut, hängt man statt **-ā** *ein* **-yā** *an.*

rahnā (bleiben, leben)		
für ...	m	w
maiñ	**rahā**	**rahī**
tū, yeh/voh (Ez)	**rahā**	**rahī**
ham, āp, ye/ve	**rahe**	**rahīñ**
tum	**rahe**	**rahīñ**

Tum kal pahuñce/pahuñcīñ.
du gestern kamst-an(m/w)
Du (m/w) kamst gestern an.

In Verbindung mit dem gebeugten Verb „sein" bildet das Hindi die zusammengesetzte Vergangenheit.

Munnī bāī, Ṭhākur sāhib āye haiñ.
liebe Schwester Thakur Herr kam sind
Munni Bai, Thakur ist gekommen.

	m Ez	Mz	w Ez	Mz
denā (geben)	**diyā**	**dīe**	**dī**	**dīñ**
honā (sein)	**thā**	**the**	**thī**	**thīñ**
jānā (gehen)	**gayā**	**gae**	**gaī**	**gaīñ**
karnā (machen)	**kiyā**	**kīe**	**kī**	**kīñ**
lenā (nehmen)	**liyā**	**līe**	**lī**	**līñ**
pīnā (trinken)	**piyā**	**pīe**	**pī**	**pīñ**

Nebenstehende Tätigkeitswörter sind etwas unregelmäßig.

Im Hindi unterscheidet man außerdem in der Vergangenheit noch zwischen transitiven (zielenden) und intransitiven (nicht-zielenden) Tätigkeitswörtern. Dieses Thema ist aber nur interessant, wenn Sie sich entscheiden, tiefer in die Materie einzusteigen. Daher werden hier dazu keine Angaben gemacht.

Zukunft

Für die Bildung der Zukunftsform fügt man an den Verbstamm folgende Endungen an:

für ...	m	w
maiñ	**-ūñgā**	**-uñgī**
tū, yeh/voh (Ez)	**-egā**	**-egī**
ham, āp, yeh/voh (Mz)	**-eñge**	**-eñgī**
tum	**-oge**	**-ogī**

Kal mileñge.
morgen treffen-werden
Wir werden uns morgen treffen.

„Sein" in der Zukunft

In der Zukunft wird **honā** (sein) leicht unregelmäßig gebildet..

für ...	m	w
maiñ	**hūñgā**	**huñgī**
tū, yeh/voh (Ez)	**hogā**	**hogī**
ham, āp, yeh/voh (Mz)	**hoñge**	**hoñgī**
tum	**hoge**	**hogī**

Die Beugung

Das Hindi kennt auch eine Beugung, wobei es allerdings nur einen Fall gibt, der in etwa unserem 3. und 4. Fall (Dativ und Akkusativ) entspricht und in Konstruktionen mit Verhältniswörtern angewandt wird.

Endung	ungebeugt	gebeugt
m Ez	**-ā**	**-e**
	Mitlaut	unverändert
m Mz	**-e**	**-oñ**
	Mitlaut	**-oñ**
w Ez	**-ī**	**-ī**
	Mitlaut	unverändert
w Mz	**-iyāñ**	**-iyoñ**
	-eñ	**-oñ**

In der männlichen Mehrzahlform verändert sich das Eigenschaftswort nicht.

In der Mehrzahl haben die weiblichen Eigenschaftswörter die Endung **-ī.**

Weibliche Hauptwörter verändern sich nur in der Mehrzahl.

acchā laṛkā *gut Junge* guter Junge	**acche laṛke se** *gut(g) Junge(g) von* von dem guten Jungen
acche laṛke *gute Jungen* gute Jungen	**acche laṛkoñ se** *gute Jungen(g) von* von den guten Jungen
acchī laṛkī *gut Mädchen* gutes Mädchen	**acchī laṛkī ko** *gut Mädchen zu* zu dem guten Mädchen
acchī laṛkiyāñ *gute Mädchen* gute Mädchen	**acchī laṛkiyoñ ko** *gute Mädchen(g) zu* zu den guten Mädchen

Mir & Mich

Persönliche Fürwörter kennen zwei gebeugte Formen: Eine steht mit Verhältniswörtern („abhängige Form“), wobei die Verhältniswörter wieder nachgestellt sind, die andere steht ohne Verhältniswörter („selbstständige Form“).

In beiden Fällen werden sie dann mit „mir/mich, dir/dich“ usw. je nach Sinnzusammenhang übersetzt.

abhängig	selbstständig	
mujh ko/se	**mujhe**	mir, mich
tujh ko/se	**tujhe**	dir, dich
is/us ko/se	**ise/use**	ihn, ihm, ihr
ham ko/se	**hameñ**	uns, mir, mich
tum ko/se	**tumheñ**	dir, dich, euch, Ihnen
āp ko/se	**āpko**	euch, Ihnen, Sie
in/un ko/se	**inheñ/unheñ**	ihnen, sie

Maiñ tumse pyār kartā hūñ.
ich dich Liebe machen bin
Ich liebe dich.

Die „selbstständige“ Form wird v. a. in speziellen Ausdrücken und mit bestimmten Tätigkeitswörtern gebraucht, bei denen sich das Tätigkeitswort in Zahl und Geschlecht immer nach der Satzergänzung (Objekt) und nicht nach dem Satzgegenstand (Subjekt) richtet.

Main sirf tumheñ cāhtā hūñ.
ich nur dich wollen bin
Ich will nur dich.

Haben

„Haben“, im Sinne von „besitzen“ konstruiert man auf Hindi durch das besitzanzeigende Fürwort plus nachgestelltem **pās** (bei, nah). Am Satzende steht das gebeugte Tätigkeitswort **honā** (sein).

Mere pās paisā hai.
meine bei Geld ist
Ich habe Geld.

Mere pās tum ho!
mein bei du bist
Ich habe dich!

Auffordern & Befehlen

Für das vertrauliche **tū** verwendet man das Tätigkeitswort ohne die Grundformendung **-nā** (reiner Verbstamm).

jānā	gehen	**jā!**	geh!
ānā	kommen	**ā!**	komm!

Für das etwas höflichere **tum** verwendet man entweder die Grundform oder hängt an die Grundform ein **-o** an.

lānā	bringen	**lānā!; lāo!**	bring!
jānā	gehen	**jānā!; jāo!**	geh!

Spricht man jemanden mit **āp** an, wird an den Stamm die Endung **-īye** angehängt.

lānā	bringen	**lāīye!**	Bringen Sie!
milnā	treffen	**milīye!**	Treffen Sie!

Verneinung

Um Sätze zu verneinen, braucht man das Wörtchen **nahīñ** (nicht, nein). In einfachen Sätzen mit dem Tätigkeitswort **honā** (sein) wird **nahīñ** diesem vorangestellt.

Maiñ nartak nahīñ hūñ.
ich Tänzer nicht bin
Ich bin nicht/kein Tänzer.

Bei verneinten Sätzen in der Gegenwart mit anderen Tätigkeitswörtern entfallen die gebeugten Formen von **honā** (sein).

Tum hindī nahīñ bolte.
du Hindi(w) nicht sprechen
Du sprichst nicht Hindi.

„Nichts" heißt **kuch nahīñ** *und „nie" heißt* **kabhī nahīñ**.

Die Befehlsform wird im Hindi mit **mat** oder **nā/na** (nicht) verneint.

Fikar na karo!
Sorge nicht mach-!
Mach dir keine Sorgen!

Mat āīye!
nicht kommen-Sie!
Kommen Sie nicht!

Zahlen & Zählen

Die gute Nachricht ist, dass man auch die englischen Zahlen nehmen kann und damit immer verstanden wird.

Dieses Kapitel gehört zu den schwierigsten im Hindi; es gibt nämlich für alle Zahlen von eins bis hundert einen eigenen Namen und nicht wie bei uns Kombinationen.

Zahlen

Die Schreibweise der Zahlen im Hindi ist wie folgt:

१	२	३	४	५	६	७	८	९	०
1	2	3	4	5	6	7	8	9	0

Telefonnummern nennt übrigens jeder mit englischen Ziffern.

0	**shūnya**		
1	**ek**	6	**che**
2	**do**	7	**sāt**
3	**tīn**	8	**āṭh**
4	**cār**	9	**nau**
5	**pāñc**	10	**das**

Für alle Nummern zwischen 21 und 99 konsultieren Sie bitte die Seitenzahlen. Alle anderen Zahlen werden ohne ein Bindewort in der Reihenfolge „Hunderter – Zehner – Einer“ zusammengesetzt.

11	**gyārah**	16	**solah**
12	**bārah**	17	**sattrah**
13	**terah**	18	**aṭhārah**
14	**caudah**	19	**unnīs**
15	**pandrah**	20	**bīs**

30	**tīs**	70	**sattar**
40	**cālīs**	80	**assī**
50	**pacās**	90	**nabbe**
60	**sāṭh**	100	**ek sau**

101	**ek sau ek**	*eins hundert eins*
102	**ek sau do**	*eins hundert zwei*
200	**do sau**	*zwei hundert*
300	**tīn sau**	*drei hundert*
420	**cār sau bīs**	*vier hundert zwanzig*
1000	**ek hazār**	*eins tausend*
2000	**do hazār**	*zwei tausend*
10.000	**das hazār**	*zehn tausend*
100.000	**ek lākh**	*eins hunderttausend*
1.000.000	**das lākh**	*zehn hunderttausend*
10.000.000	**ek karoṛ**	*eins zehn-Millionen*
1 Milliarde	**ek arab**	*eins Milliarde*

Ordnungszahlen

Die Ordnungszahlen 1.-10. werden wie Eigenschaftswörter gebraucht und richten sich in Zahl und Geschlecht nach dem dazugehörigen Hauptwort, dem sie vorangestellt sind.

Es werden hier nur die männlichen Formen angegeben.

pehlā	erster	**chaṭhā**	sechster
dūsrā	zweiter	**sātvāñ**	siebter
tīsrā	dritter	**āṭhvāñ**	achter
cauthā	vierter	**navāñ**	neunter
pāñcvāñ	fünfter	**dasvāñ**	zehnter

pehlā baccā
erster(m) Kind(m)
das erste Kind

tīsrī manzil
dritte(w) Stockwerk(w)
das dritte Stockwerk

Yeh merī tisrī qasam hai!
dieser meine dritte Schwur ist
Ich schwöre das zum dritten Mal!

Born to shop...
AVM
AVM's DO KALIYAN
दो कलियाँ
कृष्णन पंजु संगीत रवि गीत साहिर संवाद पं.मुखराम शर्मा
UTV

Der indische Film

Für den Laien geht es in einem Bollywood-Movie scheinbar um immer dasselbe: ein gut aussehender junger Held verliebt sich in eine gut aussehende Heldin, diese Liebe wird von der Gesellschaft aber nicht akzeptiert. Die beiden durchqueren einen Haufen Hochs und Tiefs, bis sie sich am Ende dann doch in einem Happy End bekommen. Unterbrochen wird die Geschichte dabei noch durch mindestens sechs Tanzeinlagen, bei denen selbst ein Blinder erkennt, dass nicht die Helden selbst singen, sondern es sich nur um Playback handelt. Daneben wechseln die Kostüme mindestens so häufig wie die Sets, und auch alle anderen Konventionen, die ein angehender Regisseur an der Filmhochschule mühsam lernt, werden hier anscheinend rücksichtslos gebrochen. Und doch erfreut sich das indische Kino weltweit eines unglaublichen Erfolgs. Woran liegt das?

Lassen Sie uns zuerst einen Blick auf die Fakten werfen. Mit über 1,1 Milliarden Einwohnern, dem größten Bevölkerungswachstum überhaupt und der höchsten Anzahl an Jugendlichen zwischen 12 und 24 Jahren weltweit ist Indien grundsätzlich ein gigantischer Markt für den Film. Nicht nur in Hollywood weiß man längst, dass es diese Jugendlichen sind, die Popcorn futternd Kinos füllen und über Tops oder Flops der neuesten Streifen entscheiden.

À propos: Amerikanische Filme haben in Indien einen Marktanteil von nicht einmal 5%. Das gibt es sonst in keinem anderen Land auf unserem Planeten!

Laut National Geographic erfreuen sich weltweit 3,6 Milliarden Menschen an Bollywoodfilmen, das sind rund eine Milliarde mehr als an Hollywood-produktionen!

Dazu kommt der historisch-kulturelle Aspekt. Indien war über Jahrhunderte fremdbeherrscht – ob von den Moghulen, Persern, Afghanen, Pathanen, den Portugiesen, Franzosen oder den Briten. Dadurch entwickelte sich seit der Unabhängigkeit 1947 ein ausgesprochener Patriotismus, bei dem man in erster Linie auf die eigenen Errungenschaften stolz ist und es tunlichst vermeidet, sich wieder durch fremde Mächte zu sehr beeinflussen zu lassen. Man möchte sich in Filmen mit den eigenen Themen auseinander setzen und über Dinge lachen und weinen, die der eigenen Mentalität entsprechen.

Warum hat der indische Film dann aber auch im Ausland so einen gewaltigen Erfolg? Seit vielen Jahren emigrieren Inder in die ganze Welt. Speziell in den USA, Großbritannien, Kanada und auch in vielen Ländern Europas und Asiens leben heute gewaltige Gemeinschaften dieser sogenannten NRIs (Non Resident Indians). Gerade in den letzten 15 Jahren entstand eine neue Generation junger oftmals wohl situierter NRIs, die zunehmend stolz auf ihre indischen Wurzeln sind und dementsprechend den indischen Film mitsamt dazugehöriger Musik auch nach Übersee exportieren. Im Dunstkreis dieser Subkulturen sind dadurch auch Nicht-Inder auf die Filme aufmerksam geworden – in Deutschland, Österreich und der Schweiz ist dieser Trend erst seit kurzem zu beobachten. Bereits heute produzieren Starregisseure in

Bollywood wie Subhash Ghai und Yash Chopra vorrangig für den nicht-indischen Markt. Das liegt nicht daran, dass sie sich dabei erhoffen, eines Tages in Hollywood hofiert zu werden, sondern es hat einfach mit den Erträgen zu tun. Heutzutage werden bereits zwischen 60 und 65% der Einkünfte eines Bollywoodfilms durch das NRI-Publikum erwirtschaftet. Hits wie **Lagaan** (Ashutosh Gowarikar, 2001), **Kabhi Khushi Kabhie Gham** (Karan Johar, 2001) oder **Ek Rishtaa** (Suneel Darshan, 2001) haben in den USA und Großbritannien weit mehr eingespielt als in Indien selbst. Nicht übersehen sollte man dabei selbstverständlich die Kaufkraft des Dollars und des britischen Pfunds im Vergleich zur indischen Rupee. Ein amerikanischer Kinobesucher hat fast 50mal die Kaufkraft eines Inders und ein Brite sogar 65mal.

Seit vielen Jahren hat sich das indische Kino auch zu einem Exportschlager in viele Länder der Zweiten und Dritten Welt entwickelt. Ob in Ost- oder Zentralafrika, in der Karibik und Südamerika, in Südost- und Zentralasien oder am Persischen Golf, man liebt Bollywood. Das ist durchaus nichts Neues. In den 50er Jahren gab es bereits einmal solche Erfolge, als Raj Kapoor mit seinen Werken die Herzen der Sowjets eroberte.

Und wenn wir schon beim Geld sind: das Hauptproblem des indischen Kinos war immer die Finanzierung. In der Vergangenheit wurden die Filme durch zwielichtige dubiose Geldgeber gegen exorbitante Zinsen getragen. Die Finanziers gehörten nicht selten der Unterwelt an und unter ihnen konnten immer wieder aufs Neue mafiöse Machenschaften aufgedeckt werden. Seit Anfang des 21. Jahrhunderts hat Bollywood aber endlich auch steuerlich den Stellenwert einer Industrie bekommen, was bedeutet, dass nun auch Banken, private Investoren und andere Kreditinstitute sich an den Produktionen als

Die kriminellen Strukturen bestanden durch diese Finanzierungen auch auf ein gewisses Mitspracherecht bei der Auswahl von Themen und Schauspielern.

Der indische Film

Für großen Trubel noch vor dem Kinostart sorgte z. B. der Film **Chori Chori Chupke Chupke** (Abbas und Mastan A. Burmawalla, 2001) *wegen angeblicher Verwicklungen in Mafia-Finanzierungen von Seiten des Produzenten Nazim Rizvi. Die Geldquellen für den Film sind bis heute nicht geklärt. Einen Großteil der Produktionskosten machen die hohen Gagen der Stars aus, denn auch in Bollywood gilt: ein guter Schauspieler ist bereits der halbe Erfolg.*

Geldanlage beteiligen können. Dennoch haben die Budgets nichts mit denen Hollywoods zu tun. Die teuersten Bollywood-Produktionen kosten zwischen 250 und 300 Millionen Rupees (zwischen 5 und 6 Millionen Euro). Ein sehr, sehr erfolgreicher Film kann international höchstens das fünffache davon einspielen. Die meisten Filme gehen allerdings fast leer aus. Trotzdem, Bollywood ist für Inder, NRIs und immer mehr Menschen weltweit weit mehr als eine einfache Filmindustrie, es ist eine Art Weltanschauung. Erfolgreiche Bollywoodstreifen werden von Fans 'zigmal im Kino, auf DVD oder im Fernsehen gesehen. Die Songs laufen in Indien über Wochen nicht nur in TV-Musikkanälen und auf praktisch allen Radiostationen des Landes, sondern auch in jedem Taxi, in jeder Rikscha und an jedem Straßenstand. Die Stars werden vergöttert und als Vorbilder imitiert, ihre Sprüche und Looks prägen ganze Generationen. Wer im Internet ein bisschen sucht, der wird schnell feststellen, welch unglaublichen Erfolgsgehalt Bollywood verspricht.

Die Liebe

Wie bei allen anderen Filmindustrien ist auch in Bollywood die Liebe ein Schlüsselelement. Allerdings ist sie noch mehr als das, denn in der Tat handeln die weitaus meisten Hindifilme von Liebe und/oder Heirat.

Dabei ist nicht zu übersehen, dass die gezeigten Beziehungen fast immer einem moralisch sehr klaren Schema folgen. Der Held eines Films ist nicht selten ein nonchalanter, in Maßen rebellischer Schwiegermutterliebling, der sich in ein zurückhaltendes, unschuldiges Mädchen verliebt. Nach langem Hin und Her finden die beiden zusammen und - natürlich erst nachdem die Eltern einwilligen - heiraten sie. Der Film erfüllt damit gewissermaßen das moralische Idealbild der äußerst prüden indischen Gesellschaft.

Die Zensoren geben Filmen mit Kussszenen eine hohe Altersbeschränkung, und natürlich will das niemand, da dies die Familien vom Kino fern hält.
Bekannte Kussszenen gibt es zum Beispiel in **Raja Hindustani** (Dharmesh Dharsan, 1996), **Rules** (Parvati Balagopalan, 2003), **Murder** (Anurag Bose, 2004) *und* **Ek Hasina Thi** (Sriram Raghavan, 2004).

Dazu gehört selbstverständlich auch, dass Zuneigung und Erotik weitgehend auf ein Minimum reduziert werden - wenn es sich auch um ein Klischee handelt, dass in Bollywoodfilmen nie geküsst wird. Es wird geküsst, bloß nicht sehr oft. Normalerweise wird die Kuss-Szene nach folgendem Aufbau konstruiert: Der Held setzt zum Kuss an, seine Lippen kommen denen der Heldin bedrohlich nahe, aber dann dreht sie sich mit einem verlegenen Kichern weg.

Das höchste an Erotik in einem familientauglichen Bollywoodfilm ist außerdem die Wet-Sari-Szene. Dabei fällt die Protagonistin ins Wasser oder singt tropfnass im Regen. Ihr vor Wasser triefender Sari – der lange Wickelrock – liegt dabei ganz eng an und zeigt Rundungen (aber keine intimen Körperteile), die durch den dicken Stoff sonst versteckt bleiben. Ob Aishwarya Rai oder Preity Zinta, sie sind in fast jedem ihrer Filme mindestens einmal so zu sehen. Die wahrscheinlich bekanntesten „Skandalfilme", die in einigen Kinos zu Aufständen führten:

Filme, die dieses moralische Gesetz brechen und von, im gesellschaftlichen Sinne, unmöglicher Liebe oder gar Sex handeln, sind noch äußerst selten.

Fire (Deepa Mehta, 1996)
Kamasutra: A Tale of Love (Mira Nair, 1996)

Die ideale Vorstellung der Inder von Liebe, Partnerschaft und Heirat wird in diesem Satz aus **Kuch Kuch Hota Hai** (Karan Johar 1998):

Ham ek bār jīte haiñ, ek bār marte haiñ,
shādī bhī ek bār hotī hai, aur pyār ...
ek hī bār ho hai!
wir eins Mal leben sind eins Mal sterben sind
Heirat auch eins Mal sein ist und Liebe ...
eins doch Mal sein(-) ist
Man lebt nur einmal, stirbt nur einmal,
heiratet einmal und die Liebe
erwischt einen auch nur einmal!

Das Hindi kennt allein fünf verschiedene Worte für „Liebe":

	pyār	Liebe (neutral)
	prem	Liebe (aus dem Sanskrit)
wird selten verwendet	**sneh**	Liebe (aus dem Sanskrit)
	ishq	Liebe (aus dem Urdu)
	muhabbat	Liebe (aus dem Urdu)

premī	Liebhaber (romantisch)
premikā (w)	Liebhaberin (romantisch)

Maiñ tumko pyār kartā/ī hūñ.
ich dich Liebe machen(m/w) bin
Ich liebe dich.

Maiñ tumko prem kartā/ī hūñ, merī jān.
ich dich Liebe machen(m/w) bin mein Leben
Ich liebe dich, mein Schatz.

Die vielleicht bekannteste Liebeserklärung Shah Rukh Khans ist aus **Dil Se** (Mani Ratnam 1998) und geht im Original so:

Bahut pyār kartā hūñ maiñ tumse ... dil se!
sehr Liebe machen bin ich du-von Herz von
Ich liebe dich sehr ... und zwar aus ganzem Herzen.

Mujhe tumse pyār hai.
mich dir-von Liebe ist
Ich bin in dich verliebt.

Übrigens ist die Tatsache, dass ein junger Mensch allein seinen Partner oder seine Partnerin sucht, für viele Inder bereits eine gesellschaftliche Revolution. In einigen Familien ist es immer noch üblich, dass die Eltern den Ehepartner fürs Leben suchen. Diese sogenannten „arranged marriages" basieren auf der Annahme, dass Menschen, die aus dem gleichen gesellschaftlichen Umfeld kommen, besser miteinander können als solche, die einen unterschiedlichen Background haben. Außerdem gehen viele davon aus, dass die Eltern viel besser einen Partner auswählen können, da sie nicht emotional an die Suche herangehen, sondern rational.

In Großstädten ändert sich dies aber schnell, und so kann man auch in den Filmen heute folgende Frage hören:

Kyā tum mujhse shādī karoge/ī?
was du mich Heirat machen-wirst(m/w)
Willst du mich heiraten?

Zarūr merī sanam!
natürlich mein Liebling
Natürlich, mein Liebling!

Par mujhe pehle se mere mātā-pitā jī se bāt karnā paṛegā.
aber mir erstens von meine Mutter-Vater Seele mit Gespräch machen fallen-wird
Aber ich muss erst mal mit meinen Eltern darüber reden.

Natürlich ist das weder in der Realität noch in Bollywoodfilmen so einfach und meist geht es ziemlich turbulent zu, bis **premī** und **premikā** endlich zueinander finden. Wichtige Hürden sind hierbei die gesellschaftlichen Unterschiede zwischen den Liebenden, andere bereits von der Familie gesuchte Partner, Einwände der Eltern oder andere.

Oftmals sind die Dialoge geradezu philosophisch, wenn es darum geht, diese Probleme zu überwinden:

Kabhī kabhī dil joṛne ke liye dil toṛnā paṛtā hai ...
manchmal manchmal Herz(m) verbinden(g) von für Herz zerbrechen fallen ist
Manchmal müssen Herzen erst zerbrechen, bevor sie zueinander finden ...

Gerade in den letzten Jahren ist das Thema der Liebesfilme auch sehr oft die Beziehung zwischen Menschen mit verschiedenem gesellschaftlichem Background. In einem Land wie Indien gibt es verschiedenste soziale Schichten, Religionen und so genannte Kasten. Traditionell heiratet man nur einen Partner, der den gleichen Background hat, allerdings ändert sich dies gerade im modernen Indien, also beispielsweise in den Großstädten. Es ist typisch für Bollywood, diese sozialen Veränderungen filmisch festzuhalten. Der wahrscheinlich revolutionärste Film dieser Sparte war **Bombay** (Mani Ratnam 1995), der zum ersten Mal das – bis dahin unangetastete – Tabuthema einer Liebesgeschichte zwischen einem Hindu und einer Muslimin tiefer illustriert.

Der Film **Bombay** *spielt in Mumbai (Bombay) während der religiösen Unruhen von 1992/93 und wurde nicht zuletzt wegen der grandiosen Filmmusik von A. R. Rahman zu einem echten Klassiker.*

Love Stories gibt es unzählige im indischen Kino. Zu den zweifelsohne schönsten Liebesfilmen Bollywoods gehören u. a.:

Bobby (Raj Kapoor, 1973)
Julie (K. S. Sethumadhavan, 1975)
Kabhi Kabhie (Yash Chopra, 1976)
Laila Majnu (H. S. Rawail, 1977)
Ek Duuje Ke Liye (K. Balachander, 1981)
Chandni (Yash Chopra, 1989)
Maine Pyar Kiya (Sooraj Barjatya, 1989)
Henna (Raj und Randhir Kapoor, 1990)
1942: A Love Story (Vidhu Vinod Chopra, 1994)
Dilwale Dulhaniya Le Jayenge (Aditya Chopra, 1995)

Die berühmte Liebesgeschichte zwischen Qais und Laila wurde 12-13mal in Bollywood verfilmt. Die mit Abstand beste Version darunter ist aber **Laila Majnu**, *mit Rishi Kapoor und Ranjeeta Kaur in den Hauptrollen.*

Dil To Pagal Hai (Yash Chopra, 1997)
Mohabbatein (Aditya Chopra, 2000)
Zubeidaa (Shyam Benegal, 2001)
Na Tum Jano Na Hum (Arjun Sablok, 2002)
Saathiya (Shaad Ali, 2002)

Geschichten von schwierigen Beziehungen oder gar Eheproblemen finden sich u. a. in **Daera** (Kamal Amrohi, 1953), wo der Konflikt einer jungen Frau und ihres viel älteren Mannes beschrieben wird, in **Dhool Ka Phool** (Yash Chopra, 1959), da geht es um eine schwangere Frau und ihren bereits verheirateten Liebhaber oder in **Anuradha** (Hrishikesh Mukherjee, 1960), der sich mit dem Thema beschäftigt, dass auch nach der Hochzeit Einsamkeit bestehen kann. In **Devar** (Mohan Segal, 1966) geht es um falsche Entscheidungen bei der Wahl des Partners.

Um eine berühmte Dreiecksbeziehung geht es in **Anubhav** (Basu Bhattacharya, 1971). *In* **Koshish** (Gulzar, 1972) *steht die Beziehung zweier Taubstummer im Mittelpunkt.*

Action & Spannung

Neben der Liebe darf in einem „echten" Bollywoodfilm auf gar keinen Fall die Action fehlen. Das indische Publikum ist nicht gerade zimperlich, wenn es darum geht, einem Film zum Erfolg zu verhelfen oder ihm den Gnadenschuss zu verpassen. Man liebt es, wenn die Handlung bis zum Schluss möglichst spannend, undurchsichtig und aufregend bleibt. Der große Unterschied zum westlichen Kino ist, dass Action in Bollywood nicht unbedingt eine eigene Sparte für sich ist, sondern auch in romantischen Kitschoperetten, schwülstigen Familiendramen und selbst in Komödien unbedingt dazugehört. Zu den großen Actionfilmen Bollywoods gehören:

Der 1956 in New Delhi geborene Sunny Deol ist der „Arnold Schwarzenegger" des indischen Actionfilms. Besonders häufig sieht man ihn als Macho in patriotischen Kriegsfilmen, weshalb er in der Presse des öfteren als „India's one man army" bezeichnet wird.

Dacait (Rahul Rawail, 1987) Gangsterdrama mit Sunny Deol
Hathyar (J. P. Dutta, 1989) die Geschichte über einen aufstrebenden Kriminellen aus der Provinz im Großstadtmoloch Mumbais
Ghayal (Raj Kumar Santoshi, 1990) in dem ebenfalls Sunny Deol Rache für seinen ermordeten Bruder sucht

Ham īṇṭ kā javāb patthar se deṅge.
wir Ziegel von Antwort Stein von geben-werden
Wenn ihr mit Ziegeln werft, antworten wir mit Steinen.

In etwa: Unsere Rache wird verheerend sein.

Don ko pakaṛnā mushkil hī nahīñ, nāmumkin hai.
Don zu fangen schwierig doch nicht unmöglich ist
Don zu schnappen ist nicht schwierig, es ist unmöglich!

Jab yeh ḍhāī kilo kā hāth kisī par paḍtā hai, to ādmī uṭhtā nahīñ, uṭh jātā hai.
wenn diese zweieinhalb Kilo von Hand jemand(g) auf fallen ist dann Mann aufstehen nicht aufstehen(-) gehen ist
Wen diese zweieinhalb Kilo schwere Faust trifft, der steht nicht mehr auf, sondern der geht direkt in den Himmel.

Zamāne ne ṭhokār lagā lagā ke
is dil ko patthar banā diyā.
Zeiten durch Treten angebracht angebracht gemacht dieses Herz zu Stein geworden gegeben
Im Laufe der Jahre hat man mich so oft erniedrigt, dass mein Herz zu Stein geworden ist.

Komödien

Bollywood kannte und kennt eine Reihe fabelhafter Komödianten, die über viele Jahre die Menschen erfreut haben. Zu den wichtigsten darunter gehören Om Prakash, Ashok Kumar, Amol Palekar, Utpal Dutt, Sanjeev Kumar, Devan Verma, Asrani, Mehmood, Govinda, Johnny Lever und die grandiose Sridevi, um nur einige zu nennen.

Inder lieben es zu lachen, und sie haben in der Regel einen herrlichen Humor. Lernt man jemanden neu kennen, gehört es in Indien dazu, ihm humorvoll zu begegnen – natürlich ohne dabei boshaft oder überheblich zu sein – und sogar über sich selbst schmunzeln zu können. Da erstaunt es nicht, dass auch auf der Leinwand ein guter Witz oder ulkige Situationskomik nicht fehlen darf. Selbst in Melodramen gibt es immer wieder Szenen, die den Schmerz und das Mitgefühl für ein paar Sekunden vergessen machen. Ähnlich wie bei Action und Spannung gehört die Komödie unweigerlich zu jedem Film dazu, ohne dabei zwingend eine eigene Sparte Film darzustellen.

Zyādā hoshiyārī karne kī koshish mat karnā!
zu-viel Intelligenz(w) machen(g) von Versuch nicht machen
Versuche nicht zu intelligent zu sein!

Voh ek gandī nalī kā kīṛā hai.
er ein schmutzig Rohr(w) von Wurm ist
Er ist (nichts als) ein Wurm aus einem schmutzigen Rohr.

Besonders beliebt sind die trotteligen Hilfsarbeiter oder Hausangestellten, die praktisch in jeder Familienstory vorkommen.

Yeh telephone bhī ajīb cīz hai, ādmī soctā kuch hai, boltā kuch hai aur kartā kuch hai.
dieser „Telefon" auch komisch Sache(w) ist Mann denken etwas ist, sprechen etwas ist und machen etwas ist
Das Telefon ist eine komische Sache; man denkt etwas, sagt etwas (anderes) und macht wieder etwas (anderes).

Auch einfache Aussagen können in Bollywood lustig wirken, wie dieser Satz aus **Zanjeer** (Prakash Mehra, 1973):

Yeh police station hai,
tumhāre bāp kā ghar nahīñ.
dies „Polizeistation" ist deine Vater von Haus nicht
Das ist eine Polizeiwachstube
und nicht das Haus deines Vaters.

Die witzigsten Komödien des Hindikinos:

Chalti Ka Naam Gaadi (Satyen Bose, 1958)
Ram Aur Shyam (Tapi Chanakya, 1967)
Padosan (Jyoti Swaroop, 1968)
Piya Ka Ghar (Basu Chatterjee, 1971)

Mehr als die meisten anderen Filme setzen Komödien gute Hindikenntnisse voraus, da der Wortwitz kaum übersetzt werden kann und dadurch auch die Untertitel nicht wirklich Aufschluss über den echten Bollywoodhumor geben können.

Unter vielen eingefleischten Bollywoodfans gilt **Padosan** *als der lustigste Film schlechthin. Es geht dabei um einen Mann, der sich in seine Nachbarin verliebt und deren Herz mit Hilfe eines singenden Freundes gewinnen möchte. Zu blöd, dass sie einen Musiklehrer hat, der anfängt, mit dem Barden zu konkurrieren ...*

Chotisi Baat (Basu Chatterjee, 1975)
Chupke Chupke (Hrishikesh Mukherjee, 1975)
Dulhan Wohi Jo Piya Man Bhaye (Lekh Tandon, 1977)
Pati Patni Aur Woh (B. R. Chopra, 1978)
Golmaal (Hrishikesh Mukherjee, 1979)
Khubsoorat (Hrishikesh Mukherjee, 1980)
Chashme Buddoor (Sai Paranjpye, 1981)
Katha (Sai Paranjpye, 1982)
Jaane Bhi Do Yaaron (Kundan Shah, 1983)
Mandi (Shyam Benegal, 1983)
Mr India (Shekhar Kapur, 1987)
Pushpak (Singeetham Srinivasa Rao, 1987)
Chachi 420 (Kamal Haasan, 1997)

Thriller & Fantasy

Ja, auch das gibt es in Bollywood! Thriller sind im indischen Film meistens Geistergeschichten von Toten, die in das Leben der Protagonisten zurückkommen und diese dabei vor Furcht erschauern lassen. Nicht selten geht es um das Thema Wiedergeburt oder um den Wechsel zwischen zwei Welten (Leben und Tod oder Realität und Traum).

Tūne yeh kiyā, to tū mere marā muṅh dekhegī.
du-von dies gemacht also du
mein gestorben Gesicht sehen-wirst(w)
Du hast mir das angetan,
also wirst du mich tot sehen.

Die 7 vielleicht repräsentativsten Thriller:

Mahal (Kamal Amrohi, 1949)
Madhumati (Bimal Roy, 1958)
Kohraa (Hiren Nag, 1964)
Jewel Thief (Vijay Anand, 1967)
Ittefaq (Yash Chopra, 1969)
Lekin (Gulzar, 1991)
Darr (Yash Chopra, 1993)

Schauerlich und blutrünstig geht es außerdem in **Sangharsh** (H. S. Rawail, 1968) *zu, wo brutale Kulte von Geächteten im Mittelpunkt der Handlung stehen.*

Jo ḍar gayā, samjho mar gayā.
was Angst(m) ging versteh-! sterben(-) ging
Wer Angst hat, ist schon (fast) gestorben.

Echte Fiktion ist ein verhältnismäßig unbekanntes Thema in Bollywood. Zwar liebt das indische Publikum amerikanische Science-Fiction und Fantasy-Filme, aber die eigene Industrie hat nicht die finanziellen Mittel, selbst solche Produktionen zu fahren. Der einzige etwas in diese Richtung gehende Film der letzten Jahre war der von Steven Spielbergs „E. T." inspirierte **Koi ... Mil Gaya** (Rakesh Roshan, 2003) mit Hrithik Roshan und Preity Zinta in den Hauptrollen.

Die bekanntesten Masterplots

Es ist unfair zu behaupten, dass es in Bollywood nur eine Handvoll Plots gibt, die immer wieder neu „aufgekocht" werden. In der Tat finden sich gewisse Handlungsabläufe in mehreren Filmen in ähnlicher Form, aber ist das bei über 30.000 Produktionen nicht verständlich? Wer hochstilisierte, überproduzierte amerikanische Actionfilme gewöhnt ist, der bekommt bei Bollywoodstreifen schnell den Eindruck, dass es sich hierbei immer um kitschige, ja sogar (im Vergleich) trashige Billigproduktionen handelt, bei denen man bereits von Anfang an das Ende voraussehen kann. Bis zu einem gewissen Punkt ist dies wahrscheinlich sogar richtig, denn in der Tat sind die Filme meist einfach gestrickt und haben als gemeinsamen Nenner nahezu immer die Aussage, dass das Gute über das Böse siegt. Das mag zum Teil kulturell bedingt sein, denn bereits in der indischen Mythologie ist es so gewesen. Trotzdem war dies auch in Bollywood nicht immer der Fall.

Die Mythen beeinflussen das Kino und dadurch finden sich oftmals grobe Ähnlichkeiten zwischen den dargestellen Geschichten. Aber mal ehrlich, im westlichen Kino ist das doch auch der Fall.

Ab maiñ kuch bhī nahīñ kar saktā ...
jetzt ich etwas auch nicht machen(-) kann
Jetzt kann ich auch nichts mehr tun ...

Die „Goldene Regel" lautet: Eine erfolgreiche Produktion soll alle neun Geschmacksrichtungen (**rāse**), die traditionell überlieferten

Bestandteile indischer Kunst, enthalten: Ekel, Friedvolles, Heldentum, Komik, Liebe, Pathos, Schrecken, Wundersames und Wut.

In Bollywood muss das Gute über das Böse siegen. Dies impliziert auch, dass oftmals die bösen Charaktere im Laufe des Films eine Wandlung durchmachen, die ihnen letztendlich die Einsicht bringt, dass der ehrliche Weg doch der bessere ist. Nicht selten kann sich die Wendung zum Happy End in einem Bollywoodfilm erst in den letzten Minuten ergeben. Um diese Kurve zu kriegen, scheut sich das indische Kino auch nicht davor, den auch aus dem antiken griechischen Theater bekannten Deus ex Machina einzusetzen.

Deus ex Machina: Eine unerwartet auftretende Person oder Begebenheit, die in einer Notsituation hilft oder vollkommen überraschend die Lösung bringt.

Die mitreißendsten Geschichten sind in Bollywood oftmals die unspektakulärsten, und zwar diejenigen, die sich mit dem Leben des einfachen Mannes beschäftigen. Da gibt es:

Jagte Raho (Sombhu Mitra und Amit Mitra, 1956) oder **Anokhi Raat** (Asit Sen, 1968) nächtliche Odysseen, in denen verschiedenste Personen aufeinander treffen
Aap Ki Kasam (J. Om Prakash, 1974) unerfüllte Träume über die Liebe
Saath Saath (Raman Kumar, 1982) die Probleme einer Beziehung
Maya Memsaab (Ketan Mehta, 1992). die Suche nach dem „eigenen Ich“

Gesundheit & Krankheit

Zu einem komplexen Masterplot gehört nicht selten das Thema „Gesundheit". Es erkrankt entweder die Heldin, die Mutter des Helden oder seine Schwester an einer üblen, lebensbedrohlichen Krankheit und wird von einem Arzt in letzter Sekunde (oder auch nicht) gerettet. Immer wiederkehrende Sätze der Mediziner sind hierzu:

Mujh par bharosā rakhiye!
mich auf Vertrauen(m) stellen-Sie!
Bitte vertrauen Sie mir!

Iskā to bahut khūn bahe cukā hai.
Operation karnā paṛegā!
sein doch sehr Blut(m) geflossen aufhörte ist
„Operation" machen fallen-wird
Er hat sehr viel Blut verloren.
Wir müssen (unbedingt) operieren!

Ist erst mal operiert, kommt der Zuschauer aber noch lange nicht aus der Spannung raus, denn:

Iskī hālat bahut nāzuk hai.
sein Zustand(w) sehr heikel ist
Sein Zustand ist sehr heikel.

Tumeñ sakht ārām kī zarūrat hai.
dir strikt Ruhe(m) von Notwendigkeit(w) ist
Du brauchst dringend Ruhe.

Filme zum Thema Krankheit sind u. a.:

Safar (Asit Sen, 1970)	
Anand (Hrishikesh Mukherjee, 1971)	
Ek Doctor Ki Maut (Tapan Sinha, 1990)	

In diese Sparte gehört natürlich auch der starbesetzte Megahit **Kal Ho Naa Ho** (Nikhil Advani, 2003), *in dem Shah Rukh Khan den charismatischen, aber todkranken Aman spielt.*

Jaldī se voh davāeñ lāo!
Schnelligkeit von jene Medizin(Mz) bring-!
Bring schnell die Medikamente!

Ab sab kuch ūpar vāle ke hāth meñ hai!
jetzt alles etwas oben Besitzer(g) von Hand in ist
Ab jetzt ist alles in Gottes Hand!

Caubīs ghaṇṭe tak hosh nahīñ āyā to ...
24 Stunden bis Bewusstsein(m) nicht kam dann
Wenn das Bewusstsein in 24 Stunden nicht zurückkommt, dann ...

Tja, und wenn dann nichts mehr zu machen ist, fährt die Kamera in Großaufnahme auf das Gesicht des verstörten Hinterbliebenen, während der Arzt die folgenden Worte spricht:

I'm sorry, ham kuch nahīñ kar sake.
„es tur mir Leid" wir etwas nicht machen konnten
Es tut mir Leid, wir konnten nichts mehr tun.

Auch spielt der Arzt bei Schwangerschaft und Entbindung eine entscheidende Rolle:

Badhāī ho, tum bāp banne vāle ho!
Gratulation sei du Vater machen(g) Besitzer bist
Gratulation! Du wirst Vater!

Aber so einfach ist es auch nicht immer:

Bacce ko to ham ne bacā liyā, par māñ ...
Kind(g) zu doch wir durch retten(-) genommen aber Mutter
Wir konnten das Kind retten, aber die Mutter ...

Sehenswert zu diesem Thema sind speziell **Khamoshi** (Asit Sen, 1969), die Geschichte einer Krankenschwester in einer psychiatrischen Anstalt, **Khamoshi: The Musical** (Sanjay Leela Bhansali, 1996), der von einem körperlich behinderten Paar handelt, das eine nicht behinderte Tochter aufzieht, sowie der auf Marathi gedrehte, grandios emotionale **Shwaas** (Sandeep Sawant, 2004), in dem ein Großvater seinem krebskranken Enkelsohn die schönen Seiten des Lebens vermittelt.

Auch die Welt der Blinden hat die Filmschaffenden seit langem fasziniert. Interessant sind in diesem Zusammenhang v. a. **Sparsh** (Sai Paranjpye, 1984) und der bildlich großartige **Black** (Sanjay Leela Bhansali, 2005).

Ein ebenfalls immer wiederkehrendes Thema in Bollywood ist der Alkoholismus. Die drei Klassiker **Devdas** (Bimal Roy, 1956), **Pyaasa** (Guru Dutt, 1957) und **Sahib Bibi aur Gulam** (Abrar Alvi, 1962), sowie die beiden Megahits **Mili** (Hrishikesh Mukherjee, 1975) und **Sharaabi** (Prakash Mehra, 1984) beide mit Amitabh Bachchan in der Hauptrolle, handeln alle von Säufern und deren verzerrter Realität.

Unnötig zu sagen, dass die meisten aus Liebeskummer trinken!

Jigar kā dard ūpar se kahīñ mālūm hotā hai?
Herz von Schmerz oben von überhaupt bekannt sein ist
Merkt man mir den Schmerz in meinem Herzen (in meinem Gesicht) an?

Dārū pīne se liver kharāb ho jātā hai.
Wein trinken(g) von „Leber" schlecht sein(-) gehen ist
Wein trinken schadet der Leber.

Pulisvāle aur nyāyādhīsh - Die Ordenshüter

Polizei und Richter

Während in den 50ern die Polizei und das Gericht filmisch noch als Inbegriff für Recht und Ordnung standen, wurden sie in Streifen ab den 70er Jahren oft nur noch als lächerliche Versager gezeigt, die den Held dazu brachten, allein seinen Rachefeldzug gegen das Böse durchzuführen. In den Filmen der Gegenwart werden vorrangig sogar Themen wie Bestechung, Veruntreuung und die Verbindungen zwischen der Unterwelt und korrupten Cops gezeigt.

Apne āp ko police ke havāle kar do!
selbst Sie zu „Polizei" von Anklage machen(-) gib-!
Übergeben Sie sich selber der Polizei!

Polizisten sind aber wie eh und je auch als Helden äußerst erfolgreich.

Apne hathiyār pheṅk do!
eigene Waffe werf(-) gib-!
Lass deine Waffe fallen!

Kein Wunder, dass da die Bösewichte vor Angst erschauern ...

Police mere pīche lagī huī hai ...
„Polizei" mein hinter angehängt seiend ist
Die Polizei ist hinter mir her ...

Neuere Policestories:

Sarfarosh (John Mathew Matthan, 1999)
Dhoom (Sanjay Gadhvi, 2004)

Ebenfalls in vielen Bollywoodfilmen vertreten ist der Jailor, also der Gefängnisleiter. Berühmte Gefängnisfilme sind: **Do Aankhen Barah Haath** (V. Shantaram, 1957) und **Bandini** (Bimal Roy, 1963). Der bekannteste Jailor des indischen Kinos ist aber ohne Zweifel der von Manju Asrani gespielte trottelige kleine „Charlie-Chaplin-Verschnitt" in **Sholay** (Ramesh Sippy, 1975).

Ādhe idhar jāo, ādhe udhar jāo, bāqī mere pīche āo!
Hälfte hierher geht-! Hälfte dorthin geht-! Rest mein hinter kommt-!
Die eine Hälfte geht hierher, die zweite dorthin
und der Rest kommt mit mir!

Ham angrezoñ ke zamāne ke jailor haiñ!
wir Engländer(g) von Zeiten von Gefängnisleiter sind
Ich bin bereits unter den Engländern Gefängnisleiter gewesen.

Auch das Gericht spielt in vielen Filmen eine wichtige Rolle. Um die Verhandlungen besser zu verstehen, hier einige immer wiederkehrende Sätze:

Order ...! Order ...!
Ruhe ...! Ruhe ...!

Qānūn ko apne hāth meñ mat lo!
Gesetz(m) zu eigen Hand in nicht nimm-!
Nimm das Gesetz nicht in eigene Hände!

Qānūn jazbāt nahīñ, sabūt dekhtī hai!
Gesetz(m) Gefühle(Mz) nicht Beweis(m) schauen ist
Das Gesetz hat nichts mit Gefühlen zu tun, es geht um Beweise!

Richtig übel geht es einem sicherlich nach diesem Urteilsspruch:

Die Todesstrafe steht in Indien auf Mord, Raubmord, Terrorismus und Meuterei in der Armee. Allerdings werden in der Realität nur selten Gefangene zum Tode durch den Strick verurteilt.

Tāzīrāt-e-hind, dafā tīn sau do ke tahat, mulzim ko maut kī sazā sunāī jātī hai!
Strafgesetz-von-Indien Paragraph 302 von unter Angeklagter(m) zu Tod(w) von Strafe(w) informiert gehen(w) ist
Es wird verkündet, dass der Angeklagte laut Paragraph 302 des indischen Strafgesetzes zum Tode verurteilt wird!

Mulzim ko bā izzat barī kiyā jātā hai!
Angeklagter(m) zu mit Respekt unschuldig gemacht gehen ist
Der Angeklagte wird hiermit für unschuldig erklärt!

Shukriyā Milord!
danke „mein-Herr“
Danke Euer Ehren!

Mukhtār Singh kā nām sunā hai?
Rechtsanwalt Singh von Name gehört(m) ist
Haben Sie schon von Rechtsanwalt Singh gehört?

Der folgende Monolog stammt aus **Damini** (Raj Kumar Santoshi, 1993), in dem es um den

Kampf einer Frau um Gerechtigkeit für eine Vergewaltigung geht und die damit verbundene Mauer des Schweigens ihrer ganzen Schwiegerfamilie.

Tārīkh pe tārīkh miltī rahī hai lekin insāf nahīñ miltā.
Miltī hai to sirf tārīkh ...
Sitzung(w) auf Sitzung treffen blieb(w) ist aber
Gerechtigkeit(m) nicht treffen(m) treffen(w) ist doch nur Sitzung
Eine Gerichtssitzung folgt der nächsten,
aber es gibt keine Gerechtigkeit. Es vergeht nur Zeit ...

Qānūn ke dalāloñ ne tārīkh ko ek hathiyār kī tarah istemāl kiyā hai.
Gesetz von Vertreter(g) durch Sitzung zu eins Waffe(m)
von Art Benutzung gemacht(m) ist
Und die Vertreter des Gesetzes nutzten diese Zeit als Waffe.

Deshbhakti - Patriotismus

Dadurch, dass die Republik Indien verhältnismäßig jung ist und das Land – wie kein anderes auf dieser Erde – sich aus zahllosen Ethnien, Völkern, Religionen und Kasten mosaikartig zusammensetzt, ist die Suche nach einer gemeinsamen Identität alles andere als abgeschlossen.

Wir haben es bereits erwähnt, der patriotische Aspekt ist in Bollywood allgegenwärtig. Während wir in Europa dabei sind, den Nationalismus abzubauen, ist dieser in Indien erst im Begriff zu entstehen. Bollywood hat es geschafft, eine Atmosphäre zu kreieren, die sich über die religiösen, sprachlichen, gesellschaftlichen und kulturellen Unterschiede hinwegsetzt, den Bann der Kastenzugehörigkeit bricht und dafür ein Nationalgefühl erschafft, das die Menschen enger zueinander führt und die vielen Mosaiksteine vereint, indem es alle gleichermaßen begeistert. Hier die ersten Zeilen des patriotischen Songs **Yeh Jo Des Hai Tera** aus dem Film **Swades** (Ashutosh Gowarikar, 2004).

Yeh jo des hai terā, svades hai terā, tujhe hai pukārā ...
dieser was Land(m) ist dein Heimat(m) ist dein dich ist gerufen
Dies ist dein Land, deine Heimat, die dich gerufen hat ...

Yeh voh bandhan hai jo kabhī ṭūṭ nahīṅ saktā.
dieser jener Verbindung(m) ist was jemals zerbrechen(-) nicht können
Diese Verbindung kann niemals gebrochen werden.

Miṭṭī kī jo khushbū, tū kaise bhūlāyegā?
Erde(w) von was guter-Geruch du wie vergessen-wirst
Wie könntest du jemals den wohlriechenden Geruch der (heimischen) Erde vergessen?

Tū cāhe kahīṅ jāye, tū lauṭke āyegā!
du würdest-wollen wohin gehest du zurückkomend kommen-wirst
Wohin du auch gehen magst, du wirst zurückkommen!

Purab Aur Paschim (Manoj Kumar, 1970)
Garam Hawa (M. S. Sathyu, 1973)
Roti Kapda Aur Makan (Manoj Kumar, 1974)
sind Filme zum Thema Patriotismus;
Bombay (Mani Ratnam, 1995) und
Mr. & Mrs. Iyer (Aparna Sen, 2002) dagegen
zeigen die Gewalt, die von Zeit zu Zeit zwischen Angehörigen verschiedener Religionsgemeinschaften aufkommt.

Rājnīti - Politik

Bollywood hat es aber auch immer verstanden zu kritisieren und Ungerechtigkeiten an den Pranger zu stellen. Indien ist seit seiner Unabhängigkeit 1947 eine parlamentarische Demokratie, in der die Meinungsfreiheit ver-

Bereits unter den Briten waren Filme als politische Propaganda für die Unabhängigkeitsbewegung beliebt. Zu den Klassikern aus dieser Zeit zählen die beiden Stummfilme **Bilet Pherat** (N. C. Laharry, 1921) *und* **Desh Deepak** (Nanubhai Vakil, 1930).

fassungsmäßig garantiert ist. Kritische Filmemacher haben von diesem Recht schon immer Gebrauch gemacht. Bekannte politisch motivierte Filme sind:

Aandhi (Gulzar, 1975) der das Privatleben von Politikern beleuchtet
Godmother (Vinay Shukla, 1999) über das Leben einer Politikerin, die an ihren Aufgaben zu zerbrechen droht
Apaharan (Prakash Jha, 2005) der sich mit dem Problem der Entführungen im Bundesstaat Bihar auseinandersetzt

Im Mittelpunkt einiger Filme stehen einflussreiche Familien und deren Verstrickungen in Politik und Wirtschaft.

Hier ein Satz aus **Sooryavansham** (Satyanarayana E.V.V., 1999):

Sūryavaṃsha ek āg hai jismeñ dostoñ ke liye jitnī jyoti hai, dushmanoñ ke liye utnī hī jvālā. Bhūn ḍālo is kambakht ko!
Sonnendynastie ein Feuer ist welchem-in Freunde(g) von für so-viel(w) Licht ist Feinde(g) von für so-viel doch Flamme verbrennen(-) hineingeben-! dieser(g) Unglückliche zu
Das Feuer von Sooryavansham gibt seinen Freunden Licht, aber es verglüht seine Feinde. Dieser Unglückliche soll verbrennen!

Noch in den 70ern waren Themen wie der Klassenunterschied wichtig in politisch motivierten Filmen. Sehenswert ist **Namak Haram** (Hrishikesh Mukherjee, 1973), in dem es um die Freundschaft zwischen einem kapitalischen Industriellen (Amitabh Bachchan) und einem Proletarier (Rajesh Khanna) geht. Ebenso sind ethnische Konflikte und der daraus resultierende Terrorismus oftmals Themen in verschiedenen Filmen. Zu den besten gehören:

Drohkaal (Govind Nihalani, 1994) ein Film, der in Kaschmir spielt
Maachis (Gulzar, 1996), Drama um eine Familie im bürgerkriegsgebeutelten Punjab im Jahre1984
Dil Se (Mani Ratnam, 1998), die Liebesgeschichte zwischen einem Journalisten und einer Terroristin
Mission Kashmir (Vidhu Vinod Chopra, 2000)

Sooryavansham *ist der mythologische Name der Sonnendynastie, aus denen einige sehr einflussreiche Familien hervorgegangen sind. Dieser Film handelt von dem Konflikt zwischen einem äußerst starken despotischen Vater Thakur Bhanupratap Singh (Amitabh Bachchan) und dessen Sohn.*

Maiñ tumhāre binā mar jāūṅgī.
ich deine ohne sterben(-) gehen-werde(w)
Ohne dich bleibt mir nur der Tod.

Durch die aufgewühlte Geschichte Indiens während der letzten 60 Jahre und die immer wieder aufflammenden Konflikte mit seinen Nachbarn – in erster Linie Pakistan und China – sind Kriegsfilme bis heute ein guter Klassenschlager. Sehenswert in dieser Sparte:

Dr Kotnis Ki Amar Kahani (V. Shantaram, 1946)
Hum Dono (Amarjeet, 1961)
Haqeeqat (Chetan Anand, 1964)
Border (J. P. Dutta, 1997)
LOC Kargil (J. P. Dutta, 2003)

Für den Hindi-Interessierten ist **Dr Kotnis Ki Amar Kahani** *schon allein deshalb sehenswert, weil der Film in erster Linie in China spielt, die Chinesen aber Hindi mit dem typisch chinesischen Akzent sprechen. Urkomisch!*

In **Fanaa** (Kumal Kohli, 2006) *steht das Thema Terrorismus im Vordergrund. Der Film brach bis jetzt zwar alle Box Office Rekorde in der wichtigen ersten Woche, und am ersten Wochenende hatte er sogar die höchsten Einnahmen in der Geschichte der indischen Filmindustrie, dennoch wurde* **Fanaa** *in einigen indischen Bundesstaaten wegen seiner Brisanz verboten!*

Tum mere liye mar cuke ho.
du meine für sterben(-) beendet(Mz) bist
Du bist meinetwegen gestorben.

Durch diese oftmals sehr nationalistisch geprägten Filme hat sich die Beziehung zwischen Indien und seinen Nachbarn nicht unbedingt verbessert. In Pakistan herrscht ein allgemeines Verbot, indische Filme im Kino vorzuführen, dafür blüht der Verkauf von DVDs und VCDs. Seit einigen Jahren werden aber auch völkerverbindende Filme gedreht, die sich mit den Problemen der Menschen auf beiden Seiten der Grenze auseinandersetzen:

1947 - Earth (Deepa Mehta, 1999)
und **Pinjar** (Dr. Chandraprakash Diwedi, 2003)
beschäftigen sich mit der sog. „Partition", also der Teilung des Subkontinents in Indien und Pakistan im Jahre 1947.

Henna (Raj und Randhir Kapoor, 1990)
und **Veer-Zara** (Yash Chopra, 2004)
sind jeweils Liebesgeschichten zwischen einem Inder und einer Pakistanerin.

Andere immer wiederkehrende Themen Bollywoods sind beispielsweise die Wohnungsnot im restlos überfüllten Mumbai, in Filmen wie dem wunderbar komischen **Piya Ka Ghar** (Basu Chatterjee, 1971). Von ständiger Präsenz ist auch die Ausbeutung der Bauern durch die feudalen Großgrundbesitzer wie in **Ghulami** (J. P. Dutta, 1985) und **Rudaali** (Kalpana Lajmi, 1992).

Historienfilme

Ähnlich wie Fantasy-Filme sind auch Historienfilme in Indien verhältnismäßig selten zu finden. Dies liegt in erster Linie an den hohen Produktionskosten. Zwar ist das Land heute oftmals Hauptproduzent für Kostüme und komplexe Bühnenbilder ausländischer Filme, die eigenen Streifen spielen aber lieber in bezahlbaren Sets. Zu den wenigen Historienschinken, die man dabei nicht übersehen sollte, gehören zweifellos:

Das beste Beispiel hierfür ist **Gladiator** (Ridley Scott, 2000), *dessen Statuen, Säulen usw. allesamt „Made in India" waren.*

Junoon (Shyam Benegal, 1978)
bei dem es um eine Liebe zwischen einem Pathan und einer Britin geht

Hey Ram! (Kamal Haasan, 2000)
der kurz vor der Ermordung Mahatma Gandhis spielt

Asoka (Santosh Sivan, 2001)
der das Leben des Maurya-Königs Ashok beleuchtet

The Rising: Ballad of Mangal Pandey
(Ketan Mehta, 2005)
ein Film über den Anführer der 1857 stattgefundenen Meuterei gegen die britischen Besatzer

Der erfolgreichste indische Historienfilm aller Zeiten war die erste Produktion Aamir Khans: **Lagaan** (Ashutosh Gowarikar, 2001), bei dem das Thema der Unterdrückung der Bauern durch die Briten mit Indiens Nationalsport Cricket auf gekonnte Weise verknüpft wird. Auch für Bollywood-Einsteiger gut geeignet.

Lagaan *wurde 2002 sogar für den Oscar als bester fremdsprachiger Film nominiert. Er ist damit – neben* **Salaam Bombay** *und* **Mother India** *– der dritte indische Film, dem diese Ehre zuteil wurde.*

Die Protagonisten

Berühmte Antihelden waren Raj in **Awara** (Raj Kapoor, 1951) *oder* **Devdas** *im gleichnamigen Film von* Bimal Roy (1955).

Speziell in den 50er Jahren schufen Regisseure wie Guru Dutt, Raj Kapoor oder Bimal Roy tragische Filme, in denen nicht selten das Böse die Oberhand behielt, um die Zuschauer zu ermahnen. In dieser Epoche standen sogenannte Antihelden im Vordergrund, also Menschen wie du und ich, die mit den Abenteuern des Alltags zu kämpfen hatten und nicht selten daran zugrunde gingen.

Hīro – Der Held

Oftmals müssen die Helden es mit einer Übermacht an Bösewichten aufnehmen, und sie laufen Gefahr, dabei grausamst umgebracht zu werden.

Spätestens seit den 70er Jahren war die alte Vorstellung des echten „Hero" wieder präsent, durch die Schaffung des filmischen Heldenidealbilds des „Angry Young Man", also eines rebellischen, aber sympathischen jungen Lebenskünstlers, der auf seine Art für Recht und Ordnung sorgt. Der Alltagsheld mutierte zu einem Abenteurer, der die Dinge in die Hand nahm und, wenn nötig, auch gegen den Rest der Welt antrat, um seinen Willen durchzusetzen. Der Inbegriff des „Angry Young Man" war der (von A. Bachchan gespielte) Vijay in Filmen wie:

Zanjeer (Prakash Mehra, 1973)
Sholay (G. P. Sippy, 1975)
Deewar (Gulshan Rai, 1975)

Seit einigen Jahren ist man aber zu dem ursprünglichen, mythologischen Bild des Helden zurückgekehrt. Helden sind in Bollywood heute wieder ideale Vorbilder: stark, selbstsicher, gut aussehend, sympathisch, ehrlich, selbstlos, witzig, treu usw. Inder lieben ihre Helden und so spannend und undurchsichtig ein Film auch sein mag, am Ende sollten sie die Heldin bekommen, die Bösewichte besiegen und dem Guten gedient haben.

Jo mard hotā hai, use dard nahīñ hotā.
was Mann sein ist ihm Schmerz(m) nicht sein
Ein echter Mann kennt keinen Schmerz.

In Sachen Liebe wird es dem Helden nicht leicht gemacht, denn er muss in der Regel dafür kämpfen, das Herz seiner Liebsten zu erobern. Natürlich klappt das nicht auf Anhieb, und erst nach einem großen Hin und Her kann er das Glück normalerweise für sich gewinnen.

Tumhāre liye merī jān bhī hāzir hai!
dein für mein Leben(w) auch bereit ist
Mein Leben ist (auch) bereit für dich!

Duniyā kī koī tāqat hameñ judā nahīñ kar saktī!
Erde von(w) etwas Stärke(w) uns getrennt nicht machen(-) kann
Nichts auf der Erde kann uns (beide) trennen!

Übrigens sind diejenigen Schauspieler, die Helden spielen, so gut wie nie in anderen Filmen als Bösewichte zu finden und umgekehrt. Das indische Publikum identifiziert sich weit mehr mit seinen Helden als anderswo, und daher sind Änderungen der Personifizierungen fast nicht existent. Eine Ausnahme ist Shah Rukh Khan, der am Anfang seiner Karriere auch mal Bösewichte spielte.

Selbstverständlich ist der Held eloquent genug, um seiner Angebeteten auf poetische Weise die Liebe zu erklären:

Pyār ek khūbsūrat ahsās hai jo hamārī zindagī meñ ek havā ke jhoṅke kī tarah ātā hai aur hamārī zindagī kā rom rom uskī khushbū se mahak uṭhtā hai.
Liebe ein schön Gefühl ist was unser Leben(w) in eins Wind von Stoß(g) von Weise kommen ist und unser Leben(w) von Pore Pore seine gut-riechend von Aroma hochkommen ist
Liebe ist ein derart schönes Gefühl, das unser Leben wie ein Windstoß erfasst und jede einzelne Pore (unseres Körpers) mit seinem wohlriechenden Aroma erfüllt.

Aber was wäre der Held ohne seine Mama? Ihr verdankt er immerhin alles und das darf natürlich in keinem Film außen vor gelassen werden. Ob als feuriger Liebhaber oder als wilder Actionhero, letztendlich sind Bollywoodhelden immer Muttersöhnchen, und das hat für das indische Publikum nichts Negatives!

Māñ, mujhe āshīrvād de!
Mutter mir Segen gib!
Gib mir deinen Segen, Mutter!

Der Hang zur Emotionalität bei Helden ist ein verhältnismäßig neues „Syndrom" in Bollywood. Der Vijay der 70er war weit härter!

Yeh merī māñ ke kaṅgan haiñ!
diese meine Mutter von Armreifen sind
Das sind die Armreifen meiner Mutter!

Beim Gedanken an die vielleicht schon gestorbene Mutter weint der Held auch schon mal. Falls ihm etwas nicht geglückt ist, zeigt er seine Trauer, seinen Schmerz, seine Verzweiflung oder gar einen Nervenzusammenbruch. All das wird von den Fans als emotional und warmherzig gedeutet, aber niemals als verweichlicht. Ein weiterer wichtiger Charakterzug des Helden muss das Verständnis von wahrer Freundschaft sein, z. B. wie in **Dosti** (Satyen Bose, 1964).

Maiñ apne bhāī se zyādā tum par vishvās kartā hūñ, kyoñ ki tum mere dost ho, aur dost voh hote hai jo ham cunte haiñ.
ich eigen(g) Bruder von mehr du auf Vertrauen(m) machen bin warum dass du meine Freund bist und Freund er sein ist was wir auswählen sind
Ich traue dir mehr als meinem Bruder, denn du bist mein Freund und Freunde sind diejenigen, die man sich selbst sucht.

Alle Eigenschaften des Helden spiegeln in gewisser Weise das Idealbild der indischen Gesellschaft wider, und wer in Bollywoodfilmen einen leicht edukativen Anteil erkennt, der hat den Nagel auf den Kopf getroffen. Man versucht dem Publikum Vorbild zu sein und ihm damit einen Anstoß für das eigene Leben zu geben. Dahinter steht nicht die Regierung (mal abgesehen von der strengen Zensur), sondern das Wissen um die Kraft des Films in einem Land, das mit unsagbaren politischen, wirtschaftlichen und sozialen Problemen zu kämpfen hat. So kann man beobachten, dass die Helden der Filme so gut wie immer äußerst patriotisch, oftmals gläubig und nicht selten bescheiden, sparsam und gleichzeitig fleißig sind. Sie kommen meist

Übrigens ist die staatliche Zensur weniger ein Problem für Filmemacher als für die Produzenten, die den Film ja verkaufen wollen. Damit ein Film sich rentiert, müssen die Besucher im Land mehrmals ins Kino gehen, und zwar mit der gesamten Familie. Daher erstaunt es nicht, dass die meisten indischen Filmhits ausgesprochen familientauglich sind.

aus geordneten Familienverhältnissen, rauchen und trinken nicht, sind gefühlvoll, manchmal sogar verletzlich und leisten den Gesetzen des Landes Folge. Dieses Idealbild des **hīro hindustānī** (indischer Held) wirkt auf die jungen Generationen!

In jüngster Zeit sind die berühmtesten Helden zweifelsohne Shah Rukh Khan, Hrithik Roshan, Salman Khan, Aamir Khan und natürlich immer noch Amitabh Bachchan.

Hīro kī Bahen – Die Schwester des Helden

An der Seite des Helden muss es meistens eine Frau geben, mit der er keine Liebesverbindung im klassisch romantischen Sinne haben darf und die auch nicht seine Mutter sein kann. Wer wäre da besser geeignet als die eigene Schwester? In Bollywood ist die Schwester dem Helden fast immer wohlgesonnen, und das gemeinsame familiäre Band verbindet die beiden nicht nur, sondern es treibt sie oftmals zur gegenseitigen Aufopferung.

Das Verhältnis zwischen Bruder und Schwester ist äußerst wichtig in der indischen Gesellschaft. Einmal im Jahr wird dieses Verhältnis zelebriert, indem Schwestern ihren Brüdern auf rituelle Weise Schnüre um das Handgelenk binden, um sie zu segnen. Dieses Festival nennt sich **rakshā bandhan**.

Mere bhaiyā ko lambī umar denā, bhagvān!
mein(g) Brüderchen zu lange Alter(w) geben Gott
Möge Gott meinem (jüngeren) Bruder ein langes Leben geben!

Mere bhāī pe koī ā̃c na āye!
meine(g) Bruder auf etwas Schwierigkeit(w) nicht komme
Mein Bruder soll es nicht schwer haben!

Die Schwester des Helden unterstützt ihren Bruder auf dessen Suche nach der geeigneten Partnerin. Anzeichen von Eifersucht und Neid sind dabei äußerst selten.

Bhaiyā, tum mere liye ek pyārīsī bhābhī kab lāoge?
Brüderchen du mein(g) für eins liebevolle Schwägerin wann bringen-wirst
(Bruder), wann bringst du mir eine nette Schwägerin nach Hause?

Anders bei dem Helden. Nicht selten verspürt er eine geradezu väterliche Liebe zu seiner Schwester, die es ihm schwer macht, sie sich als Frau eines anderen Mannes vorzustellen.

Die klassische Geschichte des älteren verheirateten Bruders, der unter einem geradezu ödipalen Besitzanspruch auf das Privatleben seiner noch ledigen Schwester leidet und erst nach vielen Torturen lernen muss, dass er sich nicht in die emotionale Entwicklung einmischen kann und ihr nicht das Recht auf Glück in der Beziehung verwehren darf, ist filmisch festgehalten in **Bahen** (Mehboob Khan, 1941).

Zu den immer wiederkehrenden Plots der Filme gehört auch der Fall, dass die Schwester den besten Freund des Helden heiratet oder sich das Leben nimmt, um die Familienehre zu bewahren.

Übrigens hat der Held selbstverständlich auch oftmals einen Bruder, mit dem es Konflikte zu bewältigen gibt. Der wohl bekannteste Film über die komplizierte Beziehung zweier Brüder ist **Ganga Jumna** (Nitin Bose, 1961).

Bhagvān ke liye, merī suhāg mat ujāṛo!
Gott von(g) für mein Ehe(w) nicht zerstöre-!
Bei Gott, bitte zerstöre nicht meine Ehe!

Maiñ kisī ko muñh dikhāne lāyak nahīñ rahī!
ich irgendwen zu Gesicht(m) zeigen(g) fähig nicht blieb(w)
Ich bin nicht in der Lage, mich irgendjemandem zu zeigen!

Heroīn – Die Heldin

Ähnlich wie auf den Helden, wird auch auf die Heldin das Idealbild der indischen Frau projiziert. In Indien spielt die Frau auf allen Gebieten seit jeher eine wichtige Rolle, und anders als in vielen Ländern Süd- und Westasiens fand hier weniger Unterdrückung – im westlichen Sinne – durch den Mann statt. Wer mit indischen Frauen zu tun hat, wird diese meist als äußerst selbstsicher und stark empfinden. Auffallend im Land selbst ist, dass Frauen vielerorts das öffentliche Leben prägen und zudem in Berufen zu finden sind, die andernorts ausnahmslos Männern zugeordnet werden. Es ist in Indien ganz normal, dass man Frauen als Arbeiterinnen in Kohlegruben oder auf Baustellen sieht, sie in der Landwirtschaft selbst die schwersten Aufgaben übernehmen und den indischen Beamtenapparat geradezu dominieren. Da ist es nicht verwunderlich, dass der Begriff der beruflichen Emanzipation in Indien bis heute ein Fremdwort ist.

Immer wieder spielten Frauen in der indischen Geschichte eine entscheidende Rolle. Ob Nur Jahan, Rani of Jhansi, Vijayalakshmi Pandit oder Annie Besant. Mit Indira Gandhi hatte Indien wohl eine der mächtigsten Frauen weltweit an der Spitze einer Regierung.

Anders sieht es im Privatleben aus. Gerade in den letzten 15 Jahren hat sich die Gesellschaft rasant verändert, und damit änderte sich auch das Frauenbild. Speziell in zwischenmenschlichen Belangen werden die Frauen in den Städten unabhängiger. Sie wollen entweder selbst ihren Ehepartner suchen oder gar den geschäftlichen Erfolg vor die Familie stellen.

All das sind natürlich unsagbare Veränderungen in den Augen der (männlichen) Traditionalisten, und wie so oft schnappt Bollywood diese Konflikte auf und verarbeitet sie zu Drehbüchern.

Ham ne pyār kiyā hai, koī gunāh nahīñ!
wir durch Liebe(m) gemacht ist etwas Sünde nicht
Wir haben uns geliebt, das ist doch keine Sünde!

Das Idealbild der indischen Frau ist zweifellos Sita aus dem Heldenepos **Ramayana**. Die Frau Rams war nicht nur treu, sittsam und tugendhaft, sondern sie war auch mutig, gewillt zu leiden, bereit ihrem Mann in allen Lebenslagen zur Seite zu stehen und sich bei Bedarf sogar für ihn aufzuopfern.

Bis in die 60er Jahre war in Bollywood vorwiegend dieses Heldinnenbild zu sehen, und bis heute findet man es in vielen Filmen immer noch. Natürlich fehlt in den Plots nicht, dass all diese Tugenden gründlich auf die Probe gestellt werden. Meist wird die Heldin von Bösewichten entführt:

Interessant ist, dass für die Fans scheinbar die Sittlichkeit und die Treue bis heute noch mehr bedeutet, als reine Leidenschaftlichkeit und ihr Sexappeal. Heldinnen sind in Bollywood nicht selten nur mäßig sexy, dafür kokett und in erster Linie romantisch veranlagt!

Bhagvān ke liye mujhe choṛ do!
Gott von für mir verlassen(-) gib-!
Bei Gott, lassen Sie mich frei (los)!

Kuch guṇḍe mere pīche paṛe haiṅ!
einige Rowdies meine(g) hinter gefallen sind
Hinter mir sind Rowdies her!

Maiñ tumhāre bagair nahīñ reh saktī!
ich deine(g) ohne nicht bleiben(-) kann
Ich kann ohne dich nicht (mehr) leben!

Seit den 70er Jahren gab es neben dieser „klassischen“ Frauenrolle ebenso weit revolutionä-

Trotzdem! Auch bei diesen neuen Frauenbildern geht es meist so aus, dass auch sie am Ende des Films einsehen, dass das traditionelle Leben doch das bessere ist ... Die Moralisten lassen grüßen!

rere Heldinnen und Antiheldinnen. Parallel zum Aufkommen des „Angry Young Man" wandelte sich die Frauenrolle in eine realistischere. Sita wurde ersetzt durch ein Mädchen, das mit normalen Problemen zu kämpfen hatte, nicht selten zwischen zwei Männern stand wie in **Ankur** (Shyam Benegal, 1973), in **Rajnigandha** (Basu Chatterjee, 1973) oder in **Bhumika** (ebenfalls Shyam Benegal, 1977); ja sogar vor der Hochzeit schwanger wurde wie in **Julie** (K. S. Sethumadhavan, 1975) oder gar nach der Hochzeit darauf kommt, möglicherweise die falsche Entscheidung getroffen zu haben, wie in **Avishkar** (Basu Bhattacharya, 1973).

Aus den einfachen Heldinnen wurden außerdem zeitgemäßere und sehr eindeutige Charaktere. Da ist die Witwe, die sich – trotz aller gesellschaftlicher Barrieren – wieder dafür entscheidet, neu zu heiraten, z. B. in **Andaz** (Ramesh Sippy, 1971), da ist die Kurtisane, z. B. in **Pakeezah** (Kamal Amrohi, 1971) oder **Umrao Jaan** (Muzaffar Ali, 1981), die gezwungen wird, ein ihr fremdes Leben, sogar als Prostituierte, zu führen. Da ist die Aussteigerin, die auf die falsche Bahn gerät, wie in **Hare Rama Hare Krishna** (Dev Anand, 1972). In moderneren Filmen gibt es außerdem die oben angesprochenen Karrierefrauen, die Heirat und Familie kategorisch ablehnen, liberale moderne Großstadtfrauen, die ihren Männern weit überlegen sind, aber selbst das „leichte" freizügige Mädchen nimmt nicht selten die Heldinnenfigur ein, wie in **Pukar** (Raj Kumar Santoshi, 2000). Die vielleicht neueste Entwicklung ist, die traditionelle „gute" Ehefrau durch äußere Umstände zur rebellischen Tigerin werden zu lassen, zu sehen z. B. in **Shakti** (Krishna Vamshi, 2002).

Ein sehr außergewöhnlicher indischer Film über das Leben einer noch außergewöhnlicheren Frau ist **Bandit Queen** (Shekhar Kapur, 1994). Der Film erzählt biographisch die Lebensgeschichte von Phoolan Devi, die mit Waffen für mehr Frauenrechte kämpfte.

Die mit Abstand ungewöhnlichste Heldin des indischen Films war die Australierin Mary Evans, die besser unter dem Namen „Fearless Nadia" bekannt war und in den 30er Jahren in einer Reihe Filme von Homi Wadia zu sehen war, darunter **Hunterwali** (1935) und **Miss Frontier Mail** (1936). In den 30ern war Mary Evans so etwas wie eine indische Marilyn Monroe! Selbst in Indien ist es äußerst schwierig, an diese Filme zu kommen, dafür gibt es eine Dokumentation darüber: **Fearless Nadia, the Hunterwali Story** (Riyad Vinci Wadia, 1993).

Zu den beliebtesten Heldinnen der Gegenwart zählen u. a. Kareena Kapoor, Karisma Kapoor, Aishwarya Rai, Madhuri Dixit und Kajol Mukherjee.

Pratinãyak - Der Antiheld

Wir haben bereits erwähnt, dass in Filmen der 40er, 50er und 60er Jahre der Held sehr häufig ein von der Gesellschaft Fallengelassener war, der in erster Linie mit sozialen Problemen zu kämpfen hatte:

A propos, der Film **Kismet** *mit dem grandiosen Ashok Kumar (1911-2001) in der Hauptrolle war der erste große Megahit Bollywoods. Er lief über drei Jahre jeden Tag in einem Kino in Kalkutta. Selbst heute laufen die größten Erfolge kaum länger als vier Wochen!*

Kismet (Gyan Mukherjee, 1943)
die Geschichte eines Kleinkriminellen
Awara (Raj Kapoor, 1951)
Sohn-Vater Konflikt
Shri 420 (Raj Kapoor, 1955)
die Probleme von jemandem aus der Provinz, der in die große Stadt kommt

Auch heute noch besteht das Bild des Antihelden in einigen Filmen weiter. Gerade in Streifen, die in der Unterwelt spielen, sind die „Guten" oftmals die Bösen. Hier ein kurzer Dialog aus dem starbesetzten Gangsterdrama **Kaante** (Sanjay Gupta, 2002):

(richtig wäre **bamb** – *Bombe)*

Yeh kyā hai?	**Bam.**	**Kyā matlab?**
dieser was ist	Bam.	*was Bedeutung(m)*
Was ist das?		Was heißt das?

Hindī ke sāth English bhī bhūl gayā?
Bam hai ... ṭik ṭik kar rahā hai, phaṭegā na!
Hindi von mit „Englisch" auch vergessen(-) ging
Bam ist tick tack machen(-) blieb ist explodieren-wird nicht
Hast du neben Hindi auch Englisch vergessen?
Das ist eine Bombe, sie macht tick tack und wird explodieren!

Andere gute Beispiele solcher Gangsterdramen:

Family - Ties Of Blood (Rajkumar Santoshi, 2006)
Company (Ram Gopal Varma, 2002)
Satya (Ram Gopal Varma, 1998)
Parinda (Vidhu Vinod Chopra, 1989)
Gangsterklassiker mit Anil Kapoor und Jackie Shroff in den Hauptrollen

Interessant ist, dass heute – im Gegensatz zu früher – der moralische Aspekt immer unwichtiger wird. Antihelden töten, erpressen, rauben, trinken, rauchen und konsumieren Drogen, scheinbar ohne dabei Reue zu zeigen! Natürlich können diese Antihelden außerdem allerlei Dinge sagen, die bei einem „guten" Helden äußerst unpassend wirken würden.

Sehenswert ist auch die Macbeth-Verfilmung **Maqbool** (Vishal Bharadwaj, 2003), *die im Gangstermilieu Mumbais spielt.*

Tere sāmne terī maut khāḍī hai kutte!
dein(g) vor dein Tod(w) stehend(w) ist Hund(g)
Du wirst gleich sterben, du Hund!

Kutte! Kamīne! Maiñ terā khūn pī jāūṅgā!
Hund Primitivling ich dein Blut(m) trinken(-) gehen-werde
Ich werde dein Blut trinken, du primitiver Hund!

Bei solch poetischen Morddrohungen wird doch selbst der Pate in Palermo neidisch ...

Khalnāyak – Der Bösewicht

Seien wir mal ehrlich. Im Grunde genommen hat der Bösewicht doch eigentlich den besten Job in einem Bollywoodfilm. Immerhin kann er die Heldin kidnappen, den Großteil des Films über dem Helden das Leben zur Hölle machen und zusätzlich in allen Bereichen gründlich über die moralischen Stränge schlagen. Selbstverständlich kommen einem Bollywoodanfänger die Bösewichte reichlich überzeichnet und manchmal geradezu übertrieben lachhaft anstatt böse vor. Das indische Publikum liebt es, möglichst abscheuliche und brutale Gegenspieler zu sehen, denn nur dadurch zeigt sich das wahre Geschick, die Kraft und der Mut des Helden.

Interessant ist, dass in dieser Zeit die Bösewichte an die „Godfathers" der amerikanischen Mafiafilme angelehnt sind und nicht selten über glänzende Kontakte zu Polizei und Richtern verfügen.

Die wohl besten Bösewichte kannte man in Bollywood während der 70er und 80er Jahre. In einem Film aus dieser Zeit erkennt man auch ohne Hindikenntnisse sofort den diabolischen Übeltäter. Fast immer ist er westlich gekleidet, in schicken Anzügen mit blank polierten Schuhen, einer Zigarre in der einen Hand und einem Glas Whisky in der anderen. Leicht erkennbar ist er außerdem durch sein düsteres Aussehen, seine buschigen Augenbrauen, seine tiefe Stimme und sein sadistisches Lachen. Wichtig ist auch der Name des Schurken, der seine Gegenspieler vor Furcht erzittern lässt:

Besonders wichtig in jedem Bollywoodfilm ist die Schlüsselszene am Ende, wenn der Held und der Bösewicht aufeinander treffen. Ob im Kampf oder in der Diskussion, der Held muss gewinnen!

Sārā shehr mujhe Lion ke nām se jāntā hai!
ganz Stadt(m) mich „Löwe" von Name von kennen ist
Die ganze Stadt kennt mich unter dem Namen „Lion".

Tū kutte kī maut feregā!
du Hunde von Tod sterben-wirst
Du wirst wie ein Hund verenden!

Gaddārī kī ek hī sazā hotī hai, maut!
Verrat von ein nur Strafe(w) sein ist Tod
Für Verrat gibt es nur eine Strafe, den Tod!

Jānī yeh cāqū hai, lag jāye to khūn nikal ātā hai!
tödlich dieser Messer ist angewendet gehe-! dann Blut rauskommen(-) kommen ist
Dieses Messer ist tödlich, benutze es und Blut wird fließen!

Der Bösewicht verkörpert in Bollywood nicht nur das Böse, sondern auch all das, was in der Gesellschaft verboten ist. So sieht man ihn mit Prostituierten, er schlägt ordentlich über die Stränge und achtet weder ältere Menschen, die Staatsgewalt, noch die Religion!

Itnī acchī cīz bhagvān ke liye choṛ dūñ ...? Kabhī nahīñ!
so-viel gut Sache(w) Gott von(g) für aufgeben(-) gäbe manchmal nicht
Ich soll so viele gute Sachen für Gott aufgeben ...? Niemals!

Auch in romantischen Geschichten gibt es Bösewichte, die dem Helden das Mädchen ausspannen wollen, despotische Familienmitglieder, die bereits andere Partner ausgewählt haben oder auch Freunde, die sich erst im Laufe des Films als böse herausstellen. Die besten Bösewichte kennt der Bollywoodfilm aber auch heute noch bei Actionstories. Hier wird erpresst, entführt, vergewaltigt und gefoltert ...

Die vielleicht berühmtesten Schurkendarsteller Bollywoods waren Prem Chopra und Prem Nath.

Tumhārī māñ hamāre qabze meñ hai.
deine Mutter unser(g) Gefangenschaft(g) in ist
Wir haben deine Mutter gekidnappt.

Yahāñ terī cīkh sunne vālā koī nahīñ!
hier dein Schrei(w) hören(g) Besitzer jemand nicht
Hier hört niemand dein Schreien!

Sagt der Bösewicht bevor er die Schwester des Helden vergewaltigt.

Yahā̃ terī izzat bacāne koī nahī̃ āyegā!
hier dein Ansehen(w) retten jemand nicht kommen-wird
Kein Mensch wird deinen guten Ruf retten (können)!

Ähnlich wie das Idealbild des Helden hat sich auch das Schurkenbild im Laufe der letzten 60 - 70 Jahre stark verändert: Zu Beginn des indischen Kinos waren die Bösewichte die Dämonen aus den Heldenepen, von den 30er Jahren bis zum Ende der 50er Jahre dann zeichnete sich der Film durch seine Realitätsnähe aus. Die Bösen waren nun Großgrundbesitzer wie in **Do Bigha Zameen** (Bimal Roy, 1953), kapitalistische Ausbeuter wie in **Roti** (Mehboob Khan, 1942) oder Herrschaftsfamilien wie in **Sahib Bibi aur Ghulam** (Abrar Alvi, 1962). Erst danach entstand der Schurke, wie wir ihn noch heute kennen.

Prem nām hai merā, Prem Copṛā!
P. Name ist mein P. C.
Mein Name ist Prem, Prem Chopra!
(von James Bond übernommen)

Weibliche Bösewichte gab es ebenfalls immer wieder in der Geschichte Bollywoods. Ob die Prostituierte, die den Held verführt, die freizügige Vampfigur, die Schlechtes tut und selbstherrlich der Moral trotzt oder die immer wiederkehrende böse Schwiegermutter, die alles daran setzt, der Heldin das Leben zur Hölle zu machen.

Die vielleicht berühmteste Vampschauspielerin Bollywoods ist die 1936 in Hyderabad geborene Waheeda Rehman. Nach ihrer Rolle als „Prostituierte mit goldenem Herz“ in **Pyaasa** (1957) versetzte ihre Affäre mit dem Filmregisseur Guru Dutt die indische Öffentlichkeit in Ensetzen.

Besonders populär war auch die in Burma geborene Helen Richardson, die in den 60er und 70er Jahren als Vamp- und Vixendarstellerin das Sexsymbol Indiens par excellence war.

Die linke Hand des Bösewichts

Der Bösewicht hat selbstverständlich reichlich Unterstützung. Meistens gibt es einen oder mehrere „schwere Jungs“, die mit rauer Brutalität und ohne Widerrede alle Befehle des Chefs ausführen. Diese meist minder intelligenten Burschen sorgen in den Kinos des öfteren für Gelächter.

Boss, maiñ ne tumhārā namak khāyā hai!
Boss ich durch dein Salz(m) gegessen ist
Boss, ich bin zutiefst in Ihrer Schuld!

Boss, māl pakṛā gayā!
Boss Geld/Ladung liefern(-) ging
Boss, das Geld/die Ware wurde geliefert!

Tumeñ boss ne bulāyā hai!
dich Boss durch gerufen ist
Der Boss hat dich gerufen!

Ok Boss!
Ok Boss!

Im Gegensatz zur Realität siegt in den Filmen wenigstens immer der Held über die Bösen und liefert sie am Ende der Polizei aus!

Kutte kamīne, cun cunkar mārūṅgā!
Hunde Primitivlinge auswählen(-) auswählend töten-werde
Ihr primitiven Hunde, ich werde jeden von euch einzeln umbringen!

Die Produktion eines Bollywoodfilms

Inder lieben Bollywood gerade deshalb, weil es ihnen eine Abwechslung zum eigenen oftmals tristen Alltag bietet. Man möchte im Kino das sehen, was möglichst wenig mit der Realität zu tun hat. Ein Film ist dabei wie ein Traum von einer anderen, aufregenderen Welt, die am besten überhaupt nicht an das eigene Leben erinnert.

Aber wie wird ein Bollywoodfilm produziert? Nun, grundsätzlich natürlich nicht anders als in jeder anderen Filmindustrie der Welt. Die Unterschiede liegen im Detail, und zwar auf allen Ebenen. Da ist zuerst die Handlung: Bollywood unterscheidet nicht grundlegend zwischen Filmsparten. Man produziert nicht reine Komödien, Action- oder Horrorfilme westlicher Machart, sondern vor allem Filme, in denen zwischenmenschliche Dramen in einer Vielzahl von überlappenden Stilrichtungen eingebettet sind. Diese sogenannten **Masala-Movies** haben den Anspruch, allen Kinobesuchern etwas zu bieten, und dementsprechend müssen sie gleichermaßen spannend, witzig, traurig, dramatisch und belehrend sein. Dies hat zur Folge, dass eine Homogenität von Ton, Bild und Inhalt nicht nur nicht vorausgesetzt, sondern meist sogar penibelst vermieden wird. Bollywoodfilme sind in der Regel theatralische, ja sogar plakativ gestrickte Melodramen, die überdeutliche Stilmittel verwenden und, im Unterschied zum westlichen Kino, den Realismus verachten. Es handelt sich um Fiktion, und das soll der Zuschauer merken.

Die ersten eineinhalb Stunden können mit einer sehr ausführlichen Entwicklung der Vorgeschichte und mit der Einführung der Protagonisten und deren entstehenden Konflikten vergehen.

Jeder Film beginnt auch in Bollywood mit dem Skript. Das Gerücht, dass es in indischen Filmen keine Drehbücher gibt, stimmt höchstens für die nicht wenigen Billigproduktionen. In Indien folgt das Drehbuch immer noch den Konventionen des Theaters, denn Bollywoodfilme bestehen aus zwei Teilen, die durch eine (Pinkel-)Pause voneinander getrennt werden – nicht zuletzt aufgrund der Tatsache, dass die Filme ja im Durchschnitt zweieinhalb bis drei Stunden dauern. Der Spannungsaufbau ist also so angelegt, dass bis zur Pause ein Bruch entstehen muss, an den man dann inhaltlich im zweiten Teil anschließen kann. Die Filme bestehen in der Regel aus einem Masterplot, der mit diversen Nebenhandlungen verwoben wird.

Im zweiten Teil dann spitzen sich diese Konflikte zu und bilden den dramatischen Handlungsstrang, der unweigerlich auf die Auflösung zu steuert.

Dard ko sahnā zarūrī hai, zakhm ko sīnā zarūrī hai, gam ko pīnā zarūrī hai, hai to baḍī muskhil, par zindagī ko jīnā zarūrī hai!
Schmerz zu erdulden notwendig ist Wunde zu nähen notwendig ist Traurigkeit zu hinnehmen notwendig ist ist doch groß(w) Schwierigkeit aber Leben zu leben notwendig ist
Es ist nicht leicht, Schmerz zu erdulden, Wunden zu nähen und Traurigkeit zu überwinden, aber das Leben muss man (trotz allem) leben!

Ebenfalls aus der Theatertradition kommt die Liebe des indischen Publikums zu langen, ausführlichen Dialogen. Nicht selten werden selbst in der Hitze des Gefechts lange Monologe gehalten, und auch der angeschossene, sich im Sterben befindliche Bösewicht muss in vollster Ausführlichkeit seine Meinung kund tun. Neben dem Drehbuchautor gibt es eigene Dialogschreiber – nicht selten Poeten – die mit ihrer kunstvollen Sprache die Filmgeschichte prägen.

Im Unterschied zum westlichen Kino ist eine Filmfigur nicht nur das, was sie tut, sondern auch, was sie sagt!

Das berühmteste Drehbuch-Dialogschreiber-Duo sind Salim Khan und Javed Akhtar, die in den 70er und 80er Jahren große Erfolge erzielten. Sätze wie diese kennt in Indien jedes Kind:

aus **Chaalbaaz** (Pankaj Parashar, 1989)

Maiñ ek nanhā-sā choṭā-sā pyālā-sā baccā hūñ!
ich eins winzigklein ganz-klein unglücklich-sehr Kind(m) bin
Ich bin ein winzigkleines unglückliches Kind!

aus **Silsila** (Yash Chopra, 1981)

Maiñ aur merī tanhāī,
aksar ye bāteñ karte haiñ ...
ich und meine Einsamkeit oft diese Worte machen sind
Ich und meine Einsamkeit,
wir unterhalten und oftmals so.

Für den Hindi-Lernenden stellen diese Dialoge einige Schwierigkeiten dar, denn nicht selten bemüht sich der Dialogschreiber um eine besonders poetische Ausdrucksweise.

Hier ein Beispiel von Anand Bakshi aus **Hero** (Subhash Ghai,1983)

Bichuṛe abhī to ham, bas kal parsoñ,
jīyūṅgi maiñ kaise, is hāl meñ barsoñ?
getrennt jetzt doch wir es-reicht gestern vorgestern
leben-werde(w) ich wie diese(g) Zustand in Jahre(g)
Wir sind gerade mal zwei Tage lang getrennt,
wie soll ich so noch Jahre leben können?

Maut nā āyī, terī yād kyoñ āyī? Hāy, lambī judāī!
Tod(w) nicht kam deine Erinnerung warum kam seufz lange Trennung
Nicht der Tod erlöst mich, sondern die Erinnerung
an dich kehrt immer wieder. Oh, welch lange Trennung!

Aber auch visuell bietet der Masala-Movie einiges Interessantes. Wer an Hollywoodstreifen gewöhnt ist, dem kommen indische Filme nicht nur fremd, sondern manchmal gar „fehlerhaft gedreht" vor. Dies liegt daran, dass in Bollywood andere Kamera- und Schnitttechniken verwendet werden als im Westen. In Indien scheint das erlaubt zu sein, was gefällt, auch und speziell dann, wenn dabei die Handlung des Films deutlich unterbrochen wird. Die Form folgt nicht der cineastischen Funktion, sondern verselbständigt sich.

Dazu kommen auch auf der auditiven Ebene einige Eigenheiten. Das herausragendste Merkmal sind dabei natürlich die Song-and-Dance-Szenen, auf die im entsprechenden Kapitel noch näher eingegangen wird. Diese auch als „Picturizations" bezeichneten Einlagen gelten heute als typisch indisch, aber ehrlich gesagt gab es sie ja auch im deutschsprachigen Kino. Von den 30er Jahren bis in die frühen 60er waren kitschige Revues auf der Leinwand genauso beliebt wie schnulzige Heimatfilme. In Indien ist die Musik neben den Darstellern ein entscheidendes Element für den Erfolg eines Films. Interessant dabei ist, dass die Filmmusik schon vor den Dreharbeiten komponiert wird. Auch hier arbeiten ein Komponist und ein Songtexter zusammen. Danach erarbeitet der Choreograph die Tanzszenen in Absprache mit dem Drehbuchautor.

Während der westliche Film größten Wert auf glatt fließende Découpages legt, findet man im Masala-Movie abrupte Schnitte, Black-Outs und scheinbar willkürliche Überblendungen. Auch die Fahrten und Zooms der Kamera, die Großaufnahmen, die Redundanzen, die gewählten Aufnahmewinkel, die häufigen Wiederholungen, sowie die zahlreichen Achsensprünge folgen ihren eigenen Regeln, die nach den Konventionen der anglo-amerikanischen Filmschule höchstens als falsch gedeutet werden können.

Während man den Filmen oftmals vorwirft, immer wieder ähnliche Geschichten zu erzählen, kann man das von der Musik nicht sagen! Das indische Publikum erwartet Kreativität von den Komponisten, denn sonst floppt das Werk.

Rock ke bāre meñ āp kā kyā khayāl hai?
„Rock" von über in Sie von was Idee ist
Was halten Sie von Rock(-musik)?

Rock ke bāre meñ to mere jāṅkārī zyādā nahīñ hai. Merā business dusrā hai ...
„Rock" von über in doch meine Wissen(w) zu-viel nicht ist mein „Business" anderes ist
Von Felsen (engl.: rock) verstehe ich nichts, mein Geschäft ist etwas anderes ...

Dreharbeiten

Stehen erstmal die Story, die Dialoge, die Filmmusik und die Song-and-Dance-Choreographien, folgt der nächste Schritt: die Auswahl der Drehorte. Während in älteren Filmen die Sets noch zweitrangig waren und die Kamera mehr Wert auf die Schauspieler legte, gibt es seit Mitte der 90er Jahre einen wahren visuellen Wettstreit zwischen den Regisseuren. Erfolgreiche Filme zeichnen sich heute auch durch monumentale Sets aus. Interessant dabei ist, dass Bollywood kaum große Studios kennt und die meisten Szenen auf der Straße, d. h. im „richtigen" Leben gedreht werden. Dies hat zur Folge, dass Dreharbeiten oftmals ganze Stadtviertel zum Stillstand bringen können. Die Menschen lassen ihre Arbeit liegen und eilen zu den Sets, um vielleicht ein bisschen „Action" mit ihrem Lieblingshelden zu erhaschen. Dumm ist es außerdem, ergeht es dem Filmteam so wie in dieser Strophe des Songs **Badi Mushkil Hai**

Nicht selten sieht man in Filmszenen Passanten, die im Bild aufs inszenierte Geschehen starren genauso wie der Zuschauer im Kino, und ab und zu wird bei sexy Tanzszenen gepfiffen oder laute Rufe stören den Dreh.

aus **Jhooth Bole Kauwa Kaate** (Hrishikesh Mukherjee, 1998):

Hīro hai, heroīn hai, vilen hai, shūting hai, camera nahīñ, baṛī mushkil hai ...
Held ist Heldin(w) ist Bösewicht ist Schießerei ist „Kamera" nicht groß(w) Problem ist
Der Held und die Heldin sind da, der Bösewicht auch, es wird geschossen, aber es fehlt die Kamera ...

Nicht nur deshalb spielen seit einigen Jahren viele Filme auch im Ausland. Dies hat v. a. damit zu tun, dass das Thema der Auslands-Inder zunehmend relevant wird. Die neuesten Streifen haben ihre Sets auf Mauritius, in Dubai, Malaysia, den USA oder in Europa. Das indische Publikum legt großen Wert darauf, den Held und die Heldin als kosmopolitische, erfolgreiche Inder irgendwo anders zu wissen. Wo sie sich aufhalten, ist meistens nebensächlich, sofern es im Ausland ist. Das geht so weit, dass z. B. die romantische Dreiecksgeschichte **Hum Dil De Chuke Sanam** (Sanjay Leela Bhansali, 1999) zwar eigentlich in Italien spielen soll, aber in Budapest gedreht ist. Etwas peinlich wird es, als der Fahrkartenkontrolleur Ungarisch spricht, dem Publikum aber weiter vorgegaukelt wird, es handle sich um Italienisch. Auch hier gilt, dass die Realität unwichtig ist – worauf es ankommt, ist die richtige Umgebung, um die Sehnsüchte, Träume und Phantasien des Publikums zu erfüllen.

Vieles in Bollywood mag für uns ungewohnt, ja manchmal geradezu lachhaft sein, und in der Tat macht man sich selbst in Indien zuweilen über die eigene Filmindustrie lustig. Zu den grandiosesten Komödien dieser Art zählt **Bollywood Calling** (Nagesh Kukunoor, 2001), *in dem der amerikanische B-Movie Darsteller Pat bei Dreharbeiten in Hyderabad auf eine harte Probe gestellt wird. Sehenswert!*

Bei Filmen, deren Helden Auslands-Inder spielen, ist es fast immer so, dass diese im Laufe der Geschichte neuerlich die indischen Traditionen und Werte schätzen lernen und am Ende doch wieder nach Hause finden. Zwei Beispiele hierfür mit Shah Rukh Khan in der Hauptrolle sind der Megahit **Dilwale Dulhaniya Le Jayenge** (Aditya Chopra, 1995) *und* **Swades** (Ashutosh Gowarikar, 2004).

Kein Wunder, dass dies einen echten Boom unter indischen Touristen ausgelöst hat. Die Schweiz ist heute eines der begehrtesten Traumziele für indische Hochzeitsreisende.

It's alright Señorita, baṛe baṛe deshoñ meñ,
aisī choṭī choṭī bāteñ hotī rahtī haiñ.
„es ist in Ordnung Fräulein" große große Länder(g) in so kleine kleine Worte(w) sein wohnen sind
Es ist in Ordnung Fräulein, auch in einem so großen Land passieren so viele kleine Dinge (zwischen Menschen).

Die für den Laien vielleicht überraschendste Entwicklung ist, dass eine ganze Reihe indischer Produktionen, vor allem die romantischen Tanzszenen der Liebesfilme, in den Schweizer Bergen gedreht werden. Bollywood liebte immer schon die Naturschönheiten der Gebirgslandschaft, die im Hinduismus als Wohnsitz der Götter gelten und in denen die heiligen Flüsse ihre Quelle haben, nur drehte man früher eben zu Hause in Kaschmir. Durch den zunehmenden Terrorismus und die andauernde politische Unsicherheit war man gezwungen, auf andere Drehorte auszuweichen, und die sichere Schweiz schien dazu wie gerufen.

Eine Auswahl der in der Schweiz und Übersee gedrehten Filme der letzten Jahre:

Chori Chori Chupke Chupke (Abbas & Mastan A. Burmawalla, 2001), ein Liebesfilm
Asambhav (Rajiv Rai, 2004), ein Spionagethriller
Humko Tumse Pyaar Hai (Bunty Soorma, 2006)
Pukar (Raj Kumar Santoshi, 2000)
und **Kaho Na ... Pyar Hai**
(Rakesh Roshan, 2000)
sind besonders durch ihre Sets sehenswert.

Die wichtigsten Regisseure

In einer Industrie, in der im Durchschnitt zwischen 800 und 1000 Filme jährlich entstehen, ist es schwierig von „den Besten" oder „den Wichtigsten" zu reden, ohne dabei nicht zumindest einige hundert zu würdigen. In Indien gibt es heute eine große Zahl etablierter Regisseure, von denen dennoch nur einige wenige große Erfolge erzielen können.

Mehboob Khan (1907-1964) prägte ab Ende der 30er Jahre das indische Kino. Er war überzeugter Sozialist, und in seinen Filmen spielt der Konflikt zwischen den einfachen Menschen und ihren kapitalistischen Ausbeutern eine entscheidende Rolle. Zu seinen berühmtesten Werken zählen: **Aurat** (1940), **Bahen** (1941), **Roti** (1942), **Andaz** (1949) und **Aan** (1952).

1957 drehte er **Mother India**, einen Film über das Leben einer indischen Bäuerin (gespielt von Nargis).

Mother India *war übrigens der erste indische Film, der für einen Oscar nominiert wurde und bis heute inflationsbereinigt über eine Milliarde Rupees (etwa 20 Millionen Euro) eingespielt hat!*

Bimal Roy (1909-1966) gehört zu den erfolgreichsten indischen Filmschaffenden überhaupt. Als wichtiger Vertreter des Neorealismus dominierten seine Werke die 50er Jahre des Hindi- und Bengalifilms. Bimal Roy war siebenfacher Preisträger des Filmfare Awards für die Beste Regie. Unter seinen Werken sind vor allem die folgenden besonders wichtig:

Do Bigha Zameen (1953), das Remake von **Devdas** (1956), **Madhumati** (1958), **Sujata** (1959) und das Drama **Bandini** (1963).

Der Song **Ā jā re Pardesī!** *(Komm oh Fremder!) aus dem Film* **Madhumati** *gehört zu den beliebtesten in Indien.*

Maiñ to kab se khaṛī is pār, ye aṅkhiyāñ thak gayī panth nīhār, ā jā re pardesī!
ich doch wann seit stehen(w) dieser(g) Ufer diese Augen ermüden(-) gingen(w) Weg schauen(-) komm! geh! hey Fremder
Wie lange stehe ich schon hier am Ufer? Meine Augen ermüden durch das Warten, komm oh Fremder!

Raj Kapoor (1924-1988) entstammt der vielleicht wichtigsten indischen Filmdynastie. Sein Vater war der Bühnen- und Filmdarsteller Prithviraj Kapoor. Auch seine jüngeren Brüder Shammi und Shashi Kapoor sowie sein Sohn Randhir Kapoor und seine Enkelinnen Karisma und Kareena Kapoor, sind bis heute bekannte Stars. Er drehte über dreißig Jahre lang zwischen den 50er und 80er Jahren äußerst sozialkritische Filme wie **Aag** (1948), **Awara** (1951), **Shri 420** (1955), **Sangam** (1964), **Mera Naam Joker** (1971), **Prem Rog** (1982) und **Ram Teri Ganga Maili** (1985).

Die Zahl 420 (sprich: **cār sau bīs***) steht für den §420 des indischen Strafgesetzbuches, der sich mit dem Betrug beschäftigt.* **Shri 420** *ist demnach ein Synonym für einen Betrüger.*

Raj Kapoor ist mehrfacher Preisträger der Filmfare Awards, sowohl als Bester Hauptdarsteller als auch für die Beste Regie und er wurde für sein langjähriges Wirken im Filmgeschäft 1988 – kurz vor seinem Tod – mit dem Dadasaheb Phalke Award ausgezeichnet.

Guru Dutt (1925-1964) hatte sein Filmdebüt als Regisseur mit **Baazi** (1951). Danach drehte er weitere Filme wie **Aar Paar** (1954) oder **Mr. & Mrs. '55** (1955). Als seinen künstlerischen Höhepunkt bezeichnet man oft den Film **Pyaasa** (1957), der von einem von der materiellen Welt desillusionierten Dichter handelt. Sein letztes großes Werk war **Kaagaz Ke Phool** (1959).

Yash Chopra (1932) gilt im indischen Filmgeschäft als „lebende Legende". Seit seinem ersten Film **Dhool Ka Phool** (1959) hat dieser „alte Hase" es wie kaum jemand in Bollywood geschafft, sich dem wandelnden Publikumsgeschmack anzupassen. Er ist deshalb auch heute noch ein führender Regisseur des indischen Kinos. Im Jahr 2002 wurde Yash Chopra mit dem Dadasaheb Phalke Award ausgezeichnet und 2005 erhielt er den Padma Bhushan Preis. Zu seinen Meisterwerken zählen **Waqt** (1965), **Ittefaq** (1969), **Daag** (1973), **Deewaar** (1975), **Chandni** (1989), **Darr** (1993), **Dil To Pagal Hai** (1997) und **Veer-Zaara** (2004).

Yash Chopra wurde in Lahore (im heutigen Pakistan) geboren und kam nach der Teilung des Subkontinents 1947 nach Indien. Viele der früheren Ikonen Bollywoods sind ehemalige Flüchtlinge.

Lag gayā nishānā!
treffen(-) ging Ziel(m)
Voll im Ziel!

Shyam Benegal (1934) zählt zu Indiens führenden Autorenfilmern und steht sowohl in der Tradition des kommerziellen Bollywood als auch für ein äußerst kunstvolles

Parallelkino, sowie zahlreiche Dokumentationen. Shyam Benegal erlangte große Bekanntheit mit den Filmen **Ankur** (1973), **Nishant** (1975), **Manthan** (1976), **Bhumika** (1977) und **Kalyug** (1981). Die indische Regierung verlieh ihm 1976 den Padma Shri und 1991 den Padma Bhushan Award.

Zu den bemerkenswertesten Regisseuren der letzten Jahre zählt außerdem **Sanjay Leela Bhansali** *(1963), der durch seine aufwendigen Produktionen wie* **Khamoshi: The Musical** *(1996),* **Hum Dil De Chuke Sanam** *(1999),* **Devdas** *(2002) oder* **Black** *(2005) die Filmwelt bis jetzt immer in Aufruhr versetzt hat.*

Mani Ratnam (1956) stammt aus Chennai (Madras) und gilt als der bedeutendste Regisseur des südindischen Kinos. Seit seinem Regiedebüt 1983 produziert er die meisten seiner Filme auch heute noch auf Tamil, doch mit **Roja** (1992) wurde er in ganz Indien bekannt. Bei dem Film handelt es sich um einen romantischen Thriller vor dem Hintergrund des Kaschmir-Konflikts. Darauf folgten Erfolge wie **Bombay** (1995) und Mani Ratnams erster Hindifilm **Dil Se** (1998), der bis heute aufgrund seiner Song-and-Dance Sequenz auf dem fahrenden Zug als Klassiker gilt. Mit **Yuva** (2004) schuf er vorerst seinen letzten Megahit.

Die Musik & Song-and-Dance-Einlagen

Ein Bollywoodfilm ohne Filmmusik ist in den meisten Fällen unvorstellbar. Zu jeder Neuproduktion gehören die Song-and-Dance-Einlagen genauso untrennbar dazu wie die Dialoge, die abwechselnd tragisch-bitteren und komisch-süßen Szenen und natürlich die Lovestory. Die Musik ist in Bollywood mehr als ein wichtiges Stilmittel, sie prägt vielmehr die Struktur eines jeden Films. Die Tatsache, dass diese Einlagen die narrative Handlung unterbrechen, wird vom Publikum nicht als störend empfunden, sondern im Gegenteil, man würde sie vermissen. In den Texten der Lieder werden oftmals all jene Informationen verpackt, die dem Zuschauer nicht ohne weiteres auf andere Art und Weise vermittelt werden können, also beispielsweise Gefühle, Gedanken oder Emotionsausbrüche. So wird des öfteren die Zuneigung einer Person zu einer anderen durch einen Song gezeigt, oder man erfährt, was ein Darsteller gerade denkt.

Ganz wichtig zu betonen ist übrigens, dass die Darsteller in den choreographierten Song-and-Dance-Szenen meist nicht selbst singen (zu den wenigen Ausnahmen gehören Lucky Ali und Sur), sondern die Lippen nur synchron zum Playback ebenfalls als Stars gefeierter Profi-Sängerinnen und Sänger bewegen. Zu den wichtigsten gehört als allererstes die 1928 geborene Lata Mangeshkar, die bereits

Dadurch, dass dieses Stilmittel gewollt meist von der Handlung örtlich und zeitlich unabhängig ist, ist es auch nicht weiter verwunderlich, dass hier von Bild zu Bild, von Schnitt zu Schnitt, die Kleider, die Farben, die Schauplätze, die Stimmungen, die Musikstile und die Verhältnisse zwischen den Personen wechseln können. Es geht vor allem darum, die Song-and-Dance-Szenen unter keinen Umständen mit der Wirklichkeit der Filmhandlung zu verwechseln.

Außerdem sehr beliebt sind etwa Latas Schwester Asha Bhosle, Alisha Chinnai, Sujata Trivedi, Kishore Kumar, Udit Narayan, Alka Yagnik oder Kavita Krishnamurthy-Subramaniam.

über 30.000 Filmsongs gesungen hat, was ihr einen Eintrag ins Guinness-Buch der Rekorde sicherte. Ihre hohe mädchenhafte Stimme klingt für ungewohnte Ohren übertrieben klar und rein, aber das entspricht nun mal dem auditiven Schönheitsbild Indiens. Manchmal singen die Stars ein paar Songs selbst – etwa Amitabh Bachchan in **Kabhi Khushi Kabhie Gham** (Karan Johar, 2000) oder Aamir Khan in **Ghulam** (Vikram Bhatt, 1998). Aus der Titelmusik dieses Films stammen die folgenden Zeilen:

Khandala ist ein Luftkurort in den Bergen zwischen Mumbai und Pune.

Kyā karūñ āke maiñ Khaṇḍālā?
was machen-würde kommend ich Khandala
Was soll ich in Khandala tun?

Ghūmeṅge phireṅge nācheṅge gāyeṅge!
spazieren-werden drehen-werden tanzen-werden singen-werden
Spazieren gehen, tanzen und singen!

Zwei berühmte Filme ohne Song-and-Dance Einlage – beide von B. R. Chopra – sind **Kanoon** *(1960) und* **Ittefaq** *(1969), bei dem der jüngere Bruder Yash Chopra Regie führte.*

Große Komponisten von Filmmusik waren und sind S. D. Burman, Naushad Ali, Nadeem Shravam, Anu Malik, Shankar Ehsaan & Loy.

Der zweifellos kreativste und erfolgreichste Filmkomponist in Indien aber ist der aus dem Bundesstaat Tamil Nadu stammende A. R. Rahman, der inzwischen auch im Westen durch das Musical **Bombay Dreams** bekannt ist.

Mujhe is film kā saṅgīt bahut pasand hai.
mir dieser(g) Film von Musik sehr gefallend ist
Mir gefällt die Musik dieses Films sehr.

Zu den besten Filmen, für die A. R. Rahman die Musik geschrieben hat, gehören:

Roja (Mani Ratnam, 1994)
Rangeela (Ram Gopal Varma, 1995)
Dil Se (Mani Rathnam, 1998)
Taal (Subhash Ghai, 1999)
Zubeidaa (Shyam Benegal, 2001)

Wer vor allem des Tanzens wegen einen Film sehen möchte, dem sei **Guide** (Vijay Anand, 1966) *mit Dev Anand und Waheeda Rehman wärmstens ans Herz gelegt.*

Auch ein Klassiker der Song-and-Dance-Sparte - **Kuch Kuch Hota Hai** (Karan Johar, 1998) - dessen Musik von Jatin und Lalit Pandit stammt.

Das führt so weit, dass – anders als überall sonst auf der Welt – der indische Musikmarkt zum größten Teil aus Filmmusik besteht!

Die wichtigste Attraktion des Bollywoodkinos ist also fraglos die Musik. Sie war immer schon einer der entscheidenden Bestandteile für die Erfolgsaussichten eines Films. Der reine Soundtrack wird etwa drei bis vier Wochen vor dem Kinostart vertrieben, so dass die Zuschauer im Kino mit vielen der Songs längst vertraut sind und sich nicht scheuen mitzusingen.

Kidhar maiñ naī filmoñ kā saṅgīt kharīd saktā hūñ?
wo ich neu Filme(g) von Musik kaufen kann(-) bin
Wo kann ich neue Filmmusik kaufen?

Maiñ „Dil Se" kā saṅgīt kharīdnā cahtā/ī hūñ.
ich Dil Se von Musik kaufen möchte(m/w) bin
Ich möchte die Filmmusik von „Dil Se" kaufen.

Kyā tumne Lātā kā nayā gīt sunā hai?
was du-durch Lata von neu Lied gehört ist
Hast du schon Latas neues Lied gehört?

Zarūr! Yeh sabse acchā hai!
natürlich dieser alle-von gut ist
Natürlich! Das ist das beste von allen!

Zu einem der bekanntesten Songs überhaupt, gehört der folgende Refrain aus dem Film **Shri 420** (Raj Kapoor, 1955):

Merā jūtā hai japānī, yeh patlūn inglistānī, ...
mein Schuh ist japanisch diese Hose englisch
Meine Schuhe sind aus Japan, meine Hose aus England, ...

... sar pe lāl ṭopī rūsī, phir bhī dil hai hindustānī!
Kopf auf rot Mütze(w) russisch dann auch Herz ist indisch
... die rote Mütze auf meinem Kopf aus Russland, jedoch mein Herz ist indisch!

Diese Filme wurden aufgrund ihrer Musik zu echten Klassikern.

Kalpana (Uday Shankar, 1948)
Jaal (Guru Dutt, 1952)
Taxi Driver (Chetan Anand, 1954)
Teesri Manzil (Vijay Anand, 1966)
Geet (Ramanand Sagar, 1970)
Baazigar (Abbas & M. A. Burmawalla, 1993)
Dil Chahta Hai (F. Akhtar, 2001)

Abschließend sei noch erwähnt, dass die Song-and-Dance-Einlagen Bollywoods auch internationale Erfolge verzeichnen können. Der australische Regisseur Baz Luhrmann soll bei seinen Filmen – wie **Romeo + Juliet** (1996) – stark von Bollywood beeinflusst worden sein. Die Premiere von **Moulin Rouge** (2001) organisierte er sogar in Mumbai!

Die indische Gesellschaft

Wer das indische Kino und seine Filme verstehen möchte, der wird nicht darum herumkommen, sich ein wenig mit der indischen Gesellschaft, mit ihren religiösen und kulturellen Wurzeln und Traditionen zu beschäftigen.

Religion

Man nimmt an, dass mehr als 80% der Einwohner Indiens heute Hindus sind. Danach kommen die Moslems mit etwa 12%, und dann viele weitere Gruppen wie die Sikhs, die Christen, Buddhisten, Jainas, Parsis, Juden etc. Alle Religionsgruppen haben gemeinsam, dass die Menschen in der Regel tiefgläubig sind und ihr Leben zu einem großen Teil durch die Regeln und Traditionen ihres jeweiligen Glaubens mitbestimmt wird. Dies hat zur Folge, dass der Alltag in Indien weit mehr religiös geprägt ist, als wir das in Mitteleuropa gewohnt sind. Für den Laien entsteht dadurch schnell der Eindruck, dass Inder grundsätzlich spirituell und esoterisch angehaucht sind. In Bollywoodfilmen sieht man oftmals Menschen, die in einem Tempel um das Wohlwollen der Götter bitten oder vor dem hauseigenen Altar für etwas beten. Auch fallen einem die Segnungen auf, und selbstverständlich haben auch die bunten Feste und Feiern immer eine religiöse Bedeutung.

In der Tat sind Inder allgemein äußerst abergläubisch. Häufig konsultiert man religiöse Meister oder Astrologen, um familiäre oder geschäftliche Angelegenheiten im Vorfeld zu klären und zum Wohlwollen der Götter auszuführen.

Kyā āp musalmān haiñ?
was Sie Moslem sind
Sind Sie Moslem?

Jī nahīñ, maiñ hindū hūñ.
Seele(m) nicht, ich Hindu bin
Nein, ich bin Hindu.

Hinduismus

Übrigens kann man nicht zum Hinduismus übertreten, sondern nur als Hindu geboren werden. Ausschlaggebend ist dabei die väterliche Abstammungslinie.

Der Hinduismus, der sich selbst als **sanātana dharma** (ewige Religion) bezeichnet, ist eine der ältesten Religionen der Welt. Für Hindus bedeutet das, dass es weder einen Anfang noch ein Ende gibt und alles Tote, Bestehende und Kommende hinduistisch ist. Interessant daran ist, dass für die Gläubigen demnach auch die Entstehung anderer Religionen nur eine Abwandlung des Hinduismus bedeutet, und deshalb christliche oder moslemische Heilige genauso akzeptiert werden. Es handelt sich also eher um ein pluralistisches, uneinheitliches, übergeordnetes Weltbild als um ein starres Dogma im abendländischen Sinn. Grundlegend ist aber ein oftmals geradezu fatalistischer Glauben an ein vorbestimmtes Schicksal und an die Wiedergeburt der Seele.

Zindagī aur maut ūparvāle ke hāth meñ hai Jahāñpanāh, use nā to āp badal sakte haiñ nā maiñ ...
Leben(w) und Tod Gott(g) von Hand in ist Jahanpanah ihm-von nicht doch Sie ändern(-) können sind nicht ich
Leben und Tod sind in der Hand Gottes, Jahanpanah. Weder Sie noch ich können das ändern.

Mahal (Kamal Amrohi, 1949)	
Madhumati (Bimal Roy, 1958)	
Milan (A. Subda Rao, 1967)	
Karz (Subhash Ghai, 1980)	

Die vier vielleicht bekanntesten Filme mit dem Thema Reinkarnation.

Geradezu tiefgründig ist der folgende Satz aus **Anand** (Hrishikesh Mukherjee, 1971):

Ham sab to raṅgmañc kī kaṭhputliyāñ haiñ jinkī ḍor ūparvāle ke hāth meñ bandhī haiñ, kaun, kab, kaise uṭhegā koī nahīñ batā saktā.
wir alle doch Theater von Marionetten sind
wessen(w) Schnur Gott(g) von Hand in gebunden(w) sind
wer wann wie hinaufgehen-wird jemand nicht sagen(-) können
Wir sind alle Theatermarionetten,
deren Schnüre von Gottes Hand bewegt werden.
Wer wann und wie raufgezogen wird, kann niemand sagen.

Die Grundlage der Religion bilden die heiligen Werke der Vedas, Shastras und Agamas und natürlich die Heldenepen Ramas und Krishnas – das **Rāmāyan** und **Mahābhārat**. Die Inhalte dieser beiden Werke stellen die Basis der indischen Gesellschaft und deren Denkweise dar. Ihre zahlreichen Geschichten um Familientragödien, Liebe, den ewigen Kampf zwischen Gut und Böse, von Göttern, Helden, Heldinnen, Dämonen und Heiligen bieten bis heute den wichtigsten „Fundus“ des Bollywoodkinos.

Seit einigen Jahren produziert zum Beispiel das staatliche indische Fernsehen eine äußerst erfolgreiche Serienverfilmung des **Mahābhārat** *und 1981 schuf Shyam Benegal mit* **Kalyug** *einen Klassiker, in dem er die Geschichte des Epos in die Gegenwart übertrug.*

Fest im Hinduismus verankert ist die hierarchische Unterteilung der Gesellschaft. Bei diesem sogenannten Kastenwesen handelt es sich um ein System, das ähnlich wie die

Zusätzlich zu diesen fünf Hauptkasten gibt es mittlerweile noch etwa 25.000 weitere Unterkasten **(jāti),** *die nochmals zwischen den einzelnen Berufsgruppen unterscheiden. Normalerweise vermischen sich die jeweiligen Kasten nicht miteinander. Es ist auch nicht möglich, die eigene Kaste zu wechseln.*

mittelalterlichen Stände zwischen vier grundsätzlichen Gruppen unterscheidet. Da sind erstens die Brahmanen **(bāman** oder **brahman),** die sich traditionell um religiöse Belange kümmern. Die zweite Gruppe sind die Kshatriya **(kṣatriya),** die vor allem in der Regierung und in der Armee zu Hause sind. Drittens die Vaishya **(vaishya),** die Händler und Geschäftsleute, und viertens die Shudra **(shūdra),** die Bauern und Landwirte. Daneben gibt es die Dalits **(dalit),** die Kastenlosen, die nach wie vor die Rolle der Ausgestoßenen in der indischen Gesellschaft spielen müssen.

Gāy, bhāī, bāman, bhājyā hī bhalā!
Kuh Bruder Brahmane flüchte! doch besser
Nimm vor Kühen, Brüdern und Brahmanen lieber Reißaus!
(... denn selbst wenn sie Unrecht haben, kann man es nicht mit ihnen aufnehmen)

Seit der Unabhängigkeit Indiens wurde das Kastenwesen offiziell abgeschafft, d. h., dass heutzutage jeder Inder vor dem Gesetz gleich ist und die gleichen Rechte und Pflichten hat.

Während in den Großstädten nicht mehr nach angeborenem Status und Kastenzugehörigkeit unterschieden wird, sondern je nachdem wie viel Erfolg jemand geschäftlich hat und wie viel er verdient, bestehen die Kastengrenzen auf dem Land nach wie vor. So spielt dieses Thema auch in den Filmen noch immer eine Rolle. Zu bekannten Filmen dieser Sparte gehören:

Acchut Kanya (Franz Osten, 1936)
Sujata (Bimal Roy, 1959)
Sangam (Raj Kapoor, 1964)

Aus dem letzten dieser drei Filme stammt ein Satz, der für einen Hindu bildlich erklärt, wie eine Liebe jenseits der gesellschaftlichen Traditionen funktioneren könnte:

Gaṅgā aur Yamunā kā milan hone ke liye Sarasvatī ko lupt honā hī paṛtā hai.
Ganges und Jamuna von Treffen sein(g) von für Saraswati zu verloren sein doch fallen ist
Saraswati muss verschwinden, damit sich Ganges und Jamuna treffen können.

Aber wie erkennt man die Kastenzugehörigkeit eines Inders? Der Name stellt den Schlüssel zu einer Person dar. Das gilt vor allem auf dem indischen Subkontinent, denn durch den Namen lässt sich leicht erkennen, welcher Religion der Sprecher angehört, aus welchem Teil des Landes er kommt und, unter Hindus, welcher Kaste er entstammt. Das klingt komplizierter, als es eigentlich ist. Sie werden feststellen, dass Sie einen Schauspieler meistens relativ problemos einordnen können. Heißt er **Mohammed,** ist es eindeutig, dass er ein Moslem ist. Bei **Krishna** handelt es sich zweifellos um einen Hindu, und trägt er einen englischen Namen wie **Thomas** oder **Christopher,** ist er mit fast 100%iger Sicherheit ein Christ. Bei den Nachnamen ist das ähnlich: Moslems heißen **Khan, Shah** oder **Hassan,** Sikhs heißen **Singh,** und **Kapoor, Kumar, Chopra** oder **Sharma** sind hinduistische Namen. Wer bereits ein reiches Vokabular auf

Zu den bekanntesten Filmen über eine Liebe, die aufgrund von Kastenunterschieden nicht erfüllt wird, gehört **Devdas.** *Diese klassische Tragödie von Saratchandra Chatterjee wurde das erste Mal 1928 von Naresh Mitra verfilmt. Ein zweites Mal 1935 dann von P. C. Barua, um 1956 dann von Bimal Roy zum Kultfilm gemacht zu werden. Dilip Kumar spielt in diesem Werk den Trinker Devdas und bildete dabei auch die Vorlage zur vorerst letzten Verfilmung des Themas von 2002, Regie: Sanjay Leela Bhansali.*

Hindi hat, der wird unter Umständen auch die Kastenzugehörigkeit festellen können. Brahmanen tragen Nachnamen wie **Pujārī**, **Pandit** oder **Purohit**, die alle etwa „Tempelwächter“ oder „Priester“ heißen.

Bhagvān pe bharosā rakho. Sab ṭhīk ho jāyegā.
Gott auf Vertrauen(m) stell-! alles gut sein(-) gehen-wird
Vertrauen Sie auf Gott und alles wird gut!

Als Parsis bezeichnet man die ursprünglich aus Persien kommenden Zarathustrier. Der monotheistische Zarathustrismus basiert auf der heiligen Schrift Avesta und ist durch die Verehrung des Feuers bekannt. Die meisten Parsis leben heute in Mumbai und im westindischen Bundesstaat Gujarat.

Natürlich haben auch alle anderen Religionsgemeinschaften ihren festen Platz in der indischen Gesellschaft. Filme, die sich mit moslemischen Themen beschäftigen sind u. a. der grandios sozialkritische **Dastak** (Rajinder Singh Bedi, 1970), sowie das starbesetzte Familiendrama **Fiza** (Khalid Mohammed, 2000). Mit den Problemen der indischen Christen beschäftigt sich **Albert Pinto Ko Gussa Kyon Aata Hai** (Saeed Mirza, 1980) und einen detaillierten Einblick in das Leben der Parsis bietet **Pestonjee** (Vijaya Mehta, 1987).

Wichtige Hinduistische Rituale

Immer wieder finden sich in Bollywoodfilmen religiöse Rituale und Zeremonien, die für die Handlung entscheidend sein können, die aber ein Laie nicht unbedingt versteht. Dies beginnt bereits bei der Begrüßung. Die typischsten Ausdrücke unter Hindus – die übrigens auch alle als Verabschiedung verwendet werden – sind:

Namaste!	**Namaskār!**
Guten Tag!/ Auf Wiedersehen!	Guten Tag!/ Auf Wiedersehen!

Hierbei werden beide Handflächen vor der Brust zusammengeführt und man blickt seinem Gegenüber in die Augen. Sich die Hände zu reichen ist für Hindus eher unüblich, bzw. nur bei westlich beinflussten Großstädtern zu sehen!

Eine besonders hohe Ehr- und Respekterbietung gegenüber einem anderen, stellt das Anfassen der Füße dar. Man verbeugt sich dabei vor einer höher gestellten oder meistens älteren Person, häufig den eigenen Eltern oder Schwiegereltern, führt die rechte Hand zu deren Füßen und berührt danach die eigene Brust; im Gegenzug erhält man den Segen der anderen Person.

Diese Ehrerbietung wird im modernen Indien immer seltener, denn der Respekt gegenüber den Alten nimmt auch hier langsam ab. In Filmen wie **Rang de Basanti** (Rakesh Omprakash Mehra, 2006) wird damit gezeigt, dass z. B. ein Mädchen, das die Füße der vielleicht zukünftigen Schwiegermutter berührt, besonders gut erzogen ist.

In Indien gelten die Füße als unrein und somit zeigt man durch das Anfassen größten Respekt vor einer Person, denn man weiß selbst diesen Körperteil zu würdigen.

Aber auch in allen Momenten des Alltags gibt es religiöse Elemente. Da ist zuerst das tägliche Gebet zu Ehren eines Gottes. Dieses als **pūjā** bezeichnete Ritual findet vor dem Hausaltar statt und zwar auch dann, wenn man einen besonderen Wunsch hat, oder um die Hilfe und Unterstützung Gottes in einer bestimmten Situation bittet. Beispiele finden sich u. a. in **Kabhi Khushi Kabhie Gham** (Karan Johar, 2000).

Pūjā *besteht aus* **bhog**, *der „Opfergabe" von Blumen, Früchten und zubereitetem Essen, sowie Gebeten in Form von heiligen Versen auf Sanskrit (***mantra***).*

Yeh anyāy hai bhagvān!
dies Ungerechtigkeit ist Gott
Oh Gott das ist unfair!

Bhagvān ne chahā to sab ṭhīk hogā!
Gott durch wollte also alles gut sein-wird
Alles wird gut, denn Gott wollte es so!

Daneben gibt es spezielle Rituale, die nur von Priestern oder Brahmanen für jemanden ausgeführt werden können und eine stärkere Wirkung haben sollen als persönliche Bittgesuche. Die meisten dieser **shrauta**-Zeremonien sind Opfergaben zu Ehren des Feuergottes **agni.** Darunter fallen aber auch die „Dämonenaustreibungen", wie sie in **15 Park Avenue** (Aparna Sen, 2005) zu sehen sind.

Auch im „richtigen Leben" spielt der Tempel eine entscheidende Rolle. Ob Produzenten, Regisseure, Stars oder Starlets, man bedankt sich bei den Göttern für den Erfolg eines Films. Speziell Amitabh Bachchan erregt durch seine großzügigen Spenden für religiöse Zwecke immer wieder Aufsehen in der indischen Presse.

Neben dem Hausaltar bietet der Tempel **(mandir)** den zentralen Ort für Gebete, Opfergaben und diverse religiöse Zeremonien. Ein hinduistischer Tempel ist immer einer bestimmten Gottheit gewidmet, d. h. nicht jeder Hindu geht automatisch in jeden Tempel.

Indien hat viele große Tempelanlagen, von denen einige als besonders heilig gelten. Auch in diversen Filmen pilgern die Heldinnen und Helden zu diesen bestimmten Stätten, um dort für etwas zu beten oder der entsprechenden Gottheit zu danken.

Eine der ebenfalls häufig zu sehenden Zeremonien ist die Bestattung. Hindus verbrennen ihre Toten auf einem Scheiterhaufen.

Das Feuer wird dabei vom nächsten männlichen Verwandten – meist dem ältesten Sohn – entfacht. Hier ein Standardsatz aus **Trishul** (Yash Chopra, 1978):

Frauen dürfen an der Verbrennung nur in etwas Entfernung teilnehmen, da man davon ausgeht, dass sie emotionaler sind als Männer und dadurch die Befreiung der Seele des Toten behindern.

Jisne paccīs sāl se apnī māñ ko thoḍā thoḍā marte dekhā ho, use maut se kyā ḍar.
wen-von 25 Jahre von eigene Mutter zu wenig wenig sterben gesehen sei ihm Tod von was Angst
Jemandem, der seine Mutter über 25 Jahre langsam dahinsterben gesehen hat, macht der Tod keine Angst (mehr).

Feste & Feierlichkeiten

Religiöse Feste und Feierlichkeiten sind allgegenwärtig in Indien. Es finden sich sowohl spezielle Festtage, die zeremoniell gefeiert werden, da sie astrologische Bewandtnis haben. Darunter fallen Voll- und Neumond, der Wechsel der Jahreszeiten, Erntedankfeste usw. Daneben gibt es eine Vielzahl weiterer Feste, von denen einige religiös sind, andere dagegen kulturell-traditionell.

Nicht alle Feste werden in ganz Indien gefeiert, dafür hat jede Region ihre eigenen Feierlichkeiten.

Dashahrā – der Sieg des Guten über das Böse

Am zehnten Tag des Monats **kvār** (September - Oktober) findet dieses Fest zu Ehren **Rāms** statt. **Rām** gilt als Inkarnation des Gottes **Vishnu.** Der Legende nach tötete er an diesem Tag den Dämonen **Rāvaṇa**, der zuvor seine Frau **Sītā** nach Lanka entführt hatte.

In Erinnerung an diesen Sieg des Guten über das Böse verbrennt man an **Dashahrā** große Statuen **(putlā)** von **Rāvaṇa**. Durch diese Symbolik hat das Fest auch in vielen Bollywoodfilmen seinen festen Platz. Ein gutes neueres Beispiel dafür ist **Swades** (Ashutosh Gowarikar, 2004).

Divālī – das Fest der Lichter

Divālī *ist übrigens die Zeit, in der in Indien viele neue Filme in die Kinos kommen, denn über die Feiertage haben die Menschen Zeit, sich „Profanem" zu widmen.*

Divālī gehört ohne Zweifel zu den spektakulärsten und sakralsten religiösen Festen Indiens. Man feiert es landesweit über fünf Tage lang im Monat **kārttik** (Oktober-November), es wird als Neujahrsfest oder „Fest der Lichter" bezeichnet. Das Wort **Divālī** ist eine verkürzte Form von **Dīpāvalī,** was soviel wie „Lichterreihe" bedeutet. Dieses Fest erinnert in erster Linie an die Krönung des mythologischen Königs **Rām,** der nach 14 Jahren in der Verbannung endlich siegreich den Thron bestieg. Die Legende erzählt, dass die Menschen der Hauptstadt Ayodhya ihre Häuser mit Lichtern erhellten, um **Rāms** Rückkehr zu feiern.

Jahān meñ āyī Divālī baṛe cirāg jale.
Welt(m) in kam Divali groß Lichter brannten
Die (ganze) Welt feiert Divali, erhellt durch die brennenden Lichter.

Hamāre dil meñ tere gam ke dāg jale.
unser(g) Herz in dein(g) Sorge(m) von Kratzer brannten
In meinem Herz brennt deine Sorge.

Auch heute zünden die Menschen in Indien an den Abenden des Fests unzählige Lichter, Kerzen und Öllampen an und schmücken ihre Häuser und Geschäfte. Selbst die Straßen werden mit Blumengirlanden und Lichtern versehen. Die Menschen kleiden sich neu ein. Kinder werden beschenkt, man tauscht Neujahrswünsche aus, verbringt Zeit im Tempel. Leckeres Essen und reichlich Süßigkeiten dürfen bei diesen ganzen Festivitäten natürlich auch nicht fehlen.

Hindus betrachten **Divālī** *als Erneuerung des Lebens, aber auch als Tag an dem die Seelen der Vorfahren das eigene Haus besuchen. Die Lampen sollen dabei auch den Seelen der Toten helfen, ihren Weg zum Himmel wieder zu finden.*

Holī – das Fest der Farben

Holī ist das indische Frühlingsfest, das gleichzeitig mit Abstand das populärste und farbenprächtigste Fest des Landes ist, weswegen es auch als das „Fest der Farben" bezeichnet wird. Das Fest dauert etwa zehn Tage und beginnt am Vollmondtag des Monats **Phālgun**, der nach westlicher Zeitrechnung im Februar oder März liegt.

In der ersten Nacht wird ein Feuer entzündet, in welchem das Symbol des Bösen – die **Holikā** – verbrannt wird. Holika war die Tante Prahlads, der Sohn des Dämonenkönigs Hiranyakashipu. **Prahlād** verehrte den Gott Vishnu und wurde durch seinen standfesten Glauben vor dem von seinem Vater gewollten Opfertod verschont, an seiner Stelle verbrannte man die böse Tante.

Es finden Prozessionen und Tänze statt, und am zweiten Tag, der **dhuleṇḍī** genannt

Holi wird von Hindus in ganz Indien gefeiert. Speziell im Norden ist das Fest **Kriṣṇa**, *seiner Frau* **Rādhā** *und den Kuhhirten* **(gopī)** *gewidmet. Krishna war laut Legende selber ein Kuhirte, ein Grund warum Kühe in Indien als heilig gelten.*

Übrigens sind bei Holi vielerorts die strengen Kastenregeln entweder ganz aufgehoben oder zumindest gelockert.

wird, bewerfen sich die Menschen mit farbigem Wasser und Farbbeuteln. Kein anderes Fest zeugt von solch einer großen Ausgelassenheit und Freude.

Raṅg barse bhīge cunar vālī
raṅg barse, holī āyī re!
Farben regneten fielen rot-gefärbt Besitzerin
Farben regneten Holi kam oh
Es regnet Farben oh du Rote,
es regnet Farben, Holi ist da!

Badhāī, badhāī!
Gratulation!

Shubhkāmnāeñ!
Beste Glückwünsche!

Nayā sāl mubārak ho!
neu Jahr(m) glücklich sei
Frohes neues Jahr!

Swastika

Ungewohnt für viele Bollywoodfans mag die Darstellung der „Hakenkreuze“ sein. Dies hat natürlich nichts mit dem Parteiabzeichen der NSDAP zu tun, sondern es handelt sich um ein positives Symbol für Glück, Kraft, Segen und Leben, das sich häufig in Tempeln und auf Götterdarstellungen findet. In Indien nennt man das Hakenkreuz **svastika,** was in etwa „Glücksbringer“ bedeutet.

Mode, Schmuck & Make-up

Spätestens beim Thema „Kleidung und Mode“ müssen wir unsere europäische Denkweise ablegen. Modische Konventionen in Bollywood haben rein gar nichts mit westlichen Standards zu tun. Wir lachen darüber, wenn der Held in eng anliegenden schwarzen Lederhosen, einem Netzhemd und einer bunten Weste vor den schneebedeckten Abhängen des Matterhorns um die Gunst seiner Angebeteten tanzt. Für Inder bestärkt dieses Outfit das Maskuline und lässt den Helden noch dazu modern, also weltoffen und westlich, erscheinen. Die meisten weiblichen Zuseher finden das zudem sexy und dadurch gesellschaftlich an der Grenze des Zumutbaren.

Wie in allen Filmindustrien spielt auch in Bollywood die Kleidung eine wichtige Rolle, um die Persönlichkeit eines Schauspielers zu unterstreichen. Wer traditionelle indische Kleidung trägt, drückt damit eine enge Verbundenheit mit der eigenen Heimat aus, aber es ist auch oft ein Symbol für Rückständigkeit. In neueren Filmen sind die männlichen Helden meist nach westlichen Standards gekleidet und stehen damit für eine erfolgreiche, mondäne Generation. Im Gegensatz dazu stehen die Heldinnen, die sich nach wie vor indisch kleiden, denn zu aufreizende westliche Kleidung ist vor allem den Vamps und Antiheldinnen vorbehalten. Die wichtigsten traditionellen Kleidungsstücke sind:

Saris sind das traditionelle Gewand der indischen Frauen. Jede Region hat ihre eigenen Muster und Designs, ja selbst verschiedene Arten ihn zu wickeln gibt es. Gute Saris können äußerst teuer sein und ähnlich wie bei unseren Hochzeitskleidern, wird der Status der Braut an ihrem Sari gemessen. Die am kunstvollsten gearbeiteten Saris kommen aus der Stadt Benares.

khādī (w)	handgewebte Baumwollkleidung
dhotī (w)	Dhoti (langes Lendentuch für Männer – wird auf dem Land, in Tempeln und von Hindu-Priestern getragen)
lungī (w)	Lungi (kurzes Lendentuch für Männer – wird v. a. im Süden und Osten des Landes getragen; ähnlich dem indonesische Sarong)
kurtā	langes Baumwoll- oder Leinenhemd für Männer – wird oft zusammen mit Lungi getragen
kurtā pījāmā	Baumwollpyjama bestehend aus Hose und Kurta (wird den ganzen Tag getragen)
pathānī sūṭ	Pathani Suit (Männer-Gewand bestehend aus Hose und knielangem Hemd – wird v. a. im Norden von Moslems getragen)
Nehrū jaikeṭ	ärmellose Weste aus Kaschmir (wird auch heute noch von vielen indischen Politikern getragen)
Gāndhī ṭopī	weiße Kappe, die speziell von den Anhängern der Congress-Partei getragen wird
pagṛī (w)	Turban
cappal	Sandalen
sāṛī (w)	Sari (ein etwa sechs Meter langer Wickelrock, der von Frauen geschickt geschlungen als Gewand getragen wird)
shalvār qamīz (w)	traditionelles Gewand für Frauen bestehend aus Hemd, Hose und Schal (der Shalwar Qamiz ist neben dem Sari das am häufigsten getragene Gewand)
burqā	meist dunkler Überhang (ähnlich dem Tschador), der von einigen strenggläubigen Mosleminnen getragen wird
jūte	Schuhe

In Filmen ist die Kleidung oftmals Gesprächsthema zwischen den Frauen des Hauses, nicht selten sogar Streitpunkt zwischen Heldin und Schwiegermutter.

Tere bāp ke bheje huī is sāṛī kā tū kyā karegī? Cal, mujhe de!
dein(g) Vater von geschickt seiend dieser(g) Sari von du was machen-wirst geh! mir gib!
Was willst du mit dem Sari, den dir dein Vater geschickt hat? Gib ihn (lieber) mir!

Neben der Kleidung fällt einem in Bollywoodfilmen besonders der üppige Schmuck **(gehne** oder **zevrāt)** der Frauen auf. Ob im alltäglichen Leben oder bei Hochzeiten, modische Accessoires und Schmuck gehören einfach dazu.

Schmuck gehört auch zur Aussteuer, die eine Frau bei ihrer Hochzeit erhält. Sollte ihr Ehemann vor ihr sterben, bleibt ihr wenigstens diese als finanzielle Sicherheit.

lākeṭ	Anhänger, Medaillon
cūṛiyāñ (w)	Armreif der Frauen
brūc	Brosche
sonā	Gold
sone kā zevrāt	Goldschmuck
bāl-e pan	Haarklammer
hār	Halskette
mangalsūtr	schwarze Halskette mit Anhänger
tāmbā	Kupfer
nath (w)	Nasenring
bāliyāñ (w), **bunde**	Ohrring
laung	perlenbesetzte Ohrringe
aṅgūthī (w)	Ring

nur von verheirateten Frauen getragen

ḍabā	Schmuckschatulle
cāndī (w)	Silber
bichuā	Zehenring

nur von verheirateten Frauen getragen

Batāo, hīre kahāñ haiñ?
sag-! Diamanten wo sind
Sag, wo sind die Diamanten?

In der indischen Astrologie gibt es einen Zusammenhang zwischen Planeten und Edelsteinen **(ratn).** Um gewisse schicksalhafte Prozesse zu verstärken, tragen Inder Ringe mit dem Stein, der die Verbindung zu dem entsprechenden Planeten unterstützt.

Neben dem (nur von Hindus verwendeten) modischen aufklebbaren Bindi, wird es auch in Form von roter Farbe rituell von Familienmitgliedern aufgetragen. Es soll so vor dem „bösen Blick" schützen und wird gleichermaßen von Männern und Frauen getragen.

Neben Schmuck und Kleidung lieben indische Frauen Make-up **(singār).** Traditionell wird die Inderin zum ersten Mal am Tag ihrer Verlobung von den Frauen der angeheirateten Familie geschminkt. Hierzu gehören die kunstvollen Henna-Malereien auf den Händen, die man **mehandī** nennt, sowie das Bemalen der Fersen mit roter Farbe namens **altā** oder **mahāvar**. Daneben schminkt man sich die Augen mit einem schwarzen Kajalstift **(surmā** oder **kājal).** Das vielleicht berühmteste Make-up indischer Frauen ist das **bindī**, der zwischen den Augenbrauen angebrachte rote Punkt. Früher war es ein Zeichen, dass die Frau verheiratet ist, aber heute tragen auch unverheiratete Frauen Bindis.

Einzig und allein verheiratete Frauen (aber niemals Witwen) tragen außerdem das **sindūr**.

Hierbei handelt es sich um ein rotes Pulver, das in den Mittelscheitel der Haare eingestrichen wird. Dieses sogenannte Vermilion-Zeichen stammt angeblich aus einer Zeit, in der Ehefrauen des Öfteren entführt wurden und der Mann, nachdem er sie zurückerobert hatte, das Blut des getöteten Entführers in ihre Haare strich. Sehen Sie dazu **Dacait** (Rahul Rawail, 1987).

In Bollywoodfilmen ist es meistens der Job der Song-and-Dance-Choreographen, auch Kostüme und Make-up auszuwählen. Grandiose Ausstattung sieht man im Remake von **Devdas** *(Sanjay Leela Bhansali, 2002).*

Bhāg Dhanno, āj terī izzat kā savāl hai!
weglaufe-! Dhanno heute deine(w) Ansehen von Frage ist
Renn weg, Dhanno, denn heute geht es um dein Ansehen!

Die Familie

Die Grundlage der traditionellen indischen Gesellschaft ist die Familie. In Südasien lebt man in und mit Großfamilien und sieht sich selbst als Teil einer solchen. Individualismus oder gar Unabhängigkeit von der eigenen Sippe, wie das bei uns der Fall ist, ist geradezu undenkbar. Die Blutsverwandschaft gilt als heilig und man verhält sich oft auf eine ganz bestimmte Weise, nur um nicht das Ansehen der Verwandten zu beschädigen. Da die Familie im Bollywoodkino ein beliebtes Thema ist, sind hier die wichtigsten Verwandtschaftsbeziehungen und ihre Funktionen in den Filmen aufgeführt.

*Da indische Familien viel größer sind als europäische, wird im Hindi ganz klar definiert, um welche Verwandtschaftsbeziehung es sich handelt. Im Folgenden sind sowohl die unter Hindus als auch die unter Moslems (mit * gekennzeichnet) gebräuchlichen angegeben.*

Die Familie

parivār, khāndān*	Familie
pitā, vālid*	Vater
mātā (w), **vālida*** (w)	Mutter
dādā	Großvater (väterl.)
dādī (w)	Großmutter (väterl.)
nānā	Großvater (mütterl.)
nānī (w)	Großmutter (mütterl.)
bacce	Kinder
beṭā	Sohn
beṭī (w)	Tochter
bhāī	Bruder
baṛe bhāī	älterer Bruder
behn (w)	Schwester
baṛī behn (w)	ältere Schwester
cācā	Onkel (väterl.)
cācī (w)	Tante (väterl.)
māmā	Onkel (mütterl.)
māmī (w)	Tante (mütterl.)
dūlhā	Bräutigam
dulhan (w)	Braut
pati, shauhar*	Ehemann
patnī (w), **bīvī*** (w)	Ehefrau
sālā	Schwager
sālī (w)	Schwägerin
bhābhī (w)	Frau des Bruders
sasur	Schwiegervater
sās (w)	Schwiegermutter
dāmād	Schwiegersohn
bahū (w)	Schwiegertochter

Der Klassiker **Parichay** (Gulzar, 1972) *handelt von einem Großvater und seinen Enkelkindern.*

Das Wort **sālā** *ist auch ein Schimpfwort, da es ja gewissermaßen impliziert, dass man mit der Schwester der angesprochenen Person schläft.*

Wie Sie sich sicher schon vorstellen können, sind diese diversen Familienmitglieder und ihre Verstrickungen eine gute Basis für verschiedenste Filmplots. Als zentrale Thematik fungiert hier die Konstellation Ehemann und Ehefrau oder Eltern und Kind.

Übrigens gilt im indischen Film die „Goldene Regel“, dass der Ausgang eines Films auch immer mit der Zufriedenheit der Eltern zusammenhängt. Ein Happy End, ohne dass das Herz von Vater und Mutter letztendlich doch wieder gewonnen ist, gibt es in Bollywood so gut wie nie.

Eine kleine Auswahl klassischer Bollywood-Familiendramen:

Gumrah (B. R. Chopra, 1963) in dem eine Frau gegen ihren Willen mit dem Mann ihrer verstorbenen Schwester verheiratet wird
Bidaai (L. V. Prasad, 1974) der das Thema der Landflucht aufgreift
Masoom (Shekhar Kapur, 1983), der die Problematik eines unehelichen Kindes behandelt
Anjali (Mani Ratnam, 1990) über ein geistig behindertes Mädchen und seine Familie

Der Film **Anjali** *– der zuerst auf Tamil produziert wurde und erst dann ins Hindi übersetzt wurde – stellt einen Wendepunkt in der Entwicklung Bollywoods dar. Erstmals wird bei den Musikeinlagen eine westlich geprägte Choreographie angewandt, ohne dabei den indischen Aspekt zu vernachlässigen. Der Regisseur Mani Ratnam orientierte sich deutlich erkennbar an westlichen Musikvideos.*

Pītājī – der Vater

Der Vater ist das Oberhaupt der Familie. Er repräsentiert sie nach außen hin und ist somit für die Aufrechterhaltung der Familienehre verantwortlich. Wenn jemand aus dem eigenen Haus einen gesellschaftlichen Fauxpas begeht, fällt dies auf die ganze Sippe zurück und „ausbaden“ muss dies Good Old Daddy.

In Bollywood sind die Väter demnach entweder streng, ja manchmal herrschsüchtig, oder liebevoll, mit einem großen Herzen – aber immer zur Stelle, wenn man sie braucht. Die klassische Story zwischen Vater und Tochter findet sich in **Ashirwad** (Hrishikesh Mukherjee, 1968).

In **Anupama** (Hrishikesh Mukherjee, 1966) *geht es um den Konflikt zwischen einem Mädchen und ihrem Vater. Seit dem Tod seiner Frau in der Schwangerschaft hasst er seine Tochter ...*

Ghar meñ do javān beṭiyañ haiñ!
Haus in zwei jung Töchter(w) sind
Ich habe zwei junge Töchter zu Hause!

Is ghar ke darvāze tumhāre liye hameshā ke liye band haiñ!
dieses(g) Haus von Türen(Mz) dein(g) für immer von(g) für geschlossen sind
Die Türen (meines) Hauses sind für immer für dich geschlossen.

Ab ham kisī ko muñh dikhāne lāyak nahīñ rahe!
jetzt wir irgendwen zu Gesicht(m) zeigen(g) fähig nicht blieben(Mz)
Wir können jetzt niemandem mehr unter die Augen treten!

Ein immer wiederkehrender Masterplot indischer Filme ist, dass die Familie durch äußere Umstände – wie die Teilung zwischen Indien und Pakistan im Jahre 1947 oder eine Naturkatastrophe – auseinander gerissen wird und sich erst später durch einen Zufall wiedertrifft. Zu den bekanntesten dieser Lost-and-Found-Stories gehören:

Kismet (Gyan Mukherjee, 1943)
Waqt (Yash Chopra, 1965)
Amar Akbar Anthony (Manmohan Desai, 1977)
Chaalbaaz (Pankaj Parashar, 1989)

Jānte haiñ āp, par samajhte nahīñ ... ke yeh sirf ek ittefāq hai ... ki āp mere pitā haiñ, aur maiñ āp kā beṭā.
wissen sind Sie aber verstehen nicht ... dass dies nur ein Zufall ist ...
dass Sie meine Vater sind und ich Sie von Sohn
Sie wissen es, aber Sie verstehen nicht, dass dies nur ein Zufall ist und Sie mein Vater sind und ich Ihr Sohn.

Mātājī – die Mutter

Für viele Hindus ist der Glaube an die Gestalt Gottes in weiblicher Form sehr populär. Als **Mahādevī** erscheint diese Göttin als höchste Gottheit, aus der die männlichen Götter hervorgehen. Ein Sprichwort sagt:

Jahāñ nārī kī pūjā hotī hai
vahāñ devtā nivās karte haiñ.
dort-wo Frau(w) von Gebet sein ist
dort Götter Aufenthalt machen sind
Dort wo Frauen angebetet werden,
halten sich die Götter auf.

Der Shaktismus, eine der drei Hauptströmungen des Hinduismus, sieht die Göttin **Ādiparāshakti** als Göttliche Mutter, also als die primäre schöpferische Kraft des Universums. Die eigene Mutter ist damit für Inder gewissermaßen eine Verkörperung dieser **Ādiparāshakti**, die für Liebe und Geborgenheit sorgt und dadurch verwundert es nicht, dass sie geradezu „abgöttisch" verehrt wird.

Der wahrscheinlich bekannteste Satz zu diesem Thema aus einem Bollywoodfilm stammt aus **Deewar** (Yash Chopra (1975):

Kaum ein indisches Kind wagt es, seiner Mutter zu widersprechen und man bittet sie selbst als Erwachsener noch um ihren Segen und ihre Ratschläge. In Bollywoodfilmen ist die Mutter eine wichtige „Säule" für die Handlung und oftmals die letzte „Verbündete" des Helden, denn die Zuneigung, die das Kind ihr entgegenbringt, wird natürlich in potenzierter Dosis wieder zurückgegeben.

Mere pās māñ hai.
meine bei Mutter ist
Ich habe eine Mutter.

Filme über die Beziehung zwischen Mutter und Tochter sind:

Khandar (Mrinal Sen, 1983)
Namkeen (Gulzar, 1982)

Merā āshīrvād sadā tere sāth hai!
mein Segen immer dein(g) mit ist
Mein Segen ist immer mit dir!

Merā acchā beṭā, jaldī se dūdh pīkar baṛā ho jā!
mein gut Sohn(m) Schnelligkeit von Milch trinkend groß(m) sein(-) geh!
Trinke Milch und werde schnell groß (und stark) mein Sohn!

Sollte der Sohn etwas Unrechtes getan haben, glaubt die Mutter selbstverständlich weiterhin an seine Unschuld:

Im Gegenzug passiert es schon mal, dass der Held erfährt, dass seine Mutter eine Prostituierte ist – denn das ist immer ein beliebtes Thema der Drehbuchautoren.

Merā beṭā aisā kabhī nahīñ kar saktā!
mein Sohn(m) so jemals nicht machen(-) können
Mein Sohn kann das nicht getan haben!

Māñ! Sab kehte haiñ ke tum ek veshya ho!
Mutter alle sagen sind dass du eine Prostituierte bist
Mutter, alle (Leute) sagen, dass du eine Prostituierte bist!

Die bekanntesten Filme, die von der Beziehung zwischen einer Mutter und ihrem Sohn erzählen:

Mother India (Mehboob Khan, 1957)
Mamta (Asit Sen, 1966)
Deewar (Yash Chopra, 1975)
Hazaar Chaurasi Ki Maa (G. Nihalani, 1997)

Im Unterschied dazu stehen Filme über Kinder, die ohne Mutter aufwachsen und als Waisen allein die Härten des Lebens erfahren müssen. Zu den eindrucksvollsten Werken dieser Kategorie zählen:

Zu Filmen über Waise zählt auch der Klassiker **Ram Jaane** *(*Rajiv Mehra, *1995), mit dem gerade mal 30 Jahre jungen* Shah Rukh Khan

Boot Polish (Prakash Arora, 1954)
Aakhri Khat (Chetan Anand, 1966)
Kitaab (Gulzar, 1977)
Bemisaal (Hrishikesh Mukherjee, 1982)
Salaam Bombay! (Mira Nair, 1988) Auch bei uns äußerst erfolgreich!

Die nebenstehenden Zeilen stammen aus dem Lied **Mere Chanda** *aus dem Film* **Aakhri Khat.** *Er ist allein wegen der überwältigenden schauspielerischen Leistung des Jungen (Master Bunty) sehenswert.*

Kis tarah so gayā tū akele?
welche Art schlafen(-) ging du alleine(g)
Wie kannst du allein einschlafen?

Kis tarah bin mere nīnd āyī?
welche Art ohne mein(g) Schlaf(w) kam
Wie kannst du ohne mich müde werden?

Mere candā mere nanhe ...
mein Mond mein Kleiner
Mein kleiner Liebling ...

Sās – die Schwiegermutter

Die Aussteuer – auf Englisch **dowry** *und in Hindi* **dahez** *genannt – zahlen in Indien die Eltern der Braut an die Eltern des Bräutigams. Da viele Familien das Geld zur Hochzeit nicht besitzen, bleiben sie es bis zu einem späteren Zeitpunkt schuldig.*

Im Unterschied zur aufopfernden Mutter steht die böse Schwiegermutter, die der zugeheirateten Schwiegertochter das Leben zur Hölle werden lässt.

Eh kulṭā, tere bāp ne ab tak dahez kī raqam nahīñ cukāyī!
he Eheschänderin dein(g) Vater von jetzt bis Aussteuer von Preis(w) nicht zahlte(w)
He du untreues Luder, dein Vater hat uns immer noch nicht die Aussteuer bezahlt!

Eh cuṛail, ab kahāñ se muñh kālā karke āyī hai?
he Schlampe jetzt wo von Gesicht schwarz machend kam ist
He du Schlampe, wo hast du (uns) denn jetzt (schon wieder) Schande bereitet?

Filmisch interessant sind zu diesem Thema:

Kora Kaagaz (Anil Ganguly, 1974)
Jai Santoshi Maa (Vijay Sharma, 1975)

Hochzeit & Scheidung

Was wäre ein echter Bollywoodfilm ohne eine Hochzeit zwischen Held und Heldin? Oftmals als Happy End inszeniert, bildet dieses gesellschaftliche Ereignis mit all den Schauspielern in traumhaften Kostümen, die zu komplizierten Choreographien tanzen, in den Movies den filmischen Höhepunkt. Die zuvor durchgestandenen Schwierigkeiten scheinen nun doch ein glückliches Ende gefunden zu haben.

Besonders häufig sieht man in den Filmen hinduistische Hochzeiten aus Nordwestindien. Diese vielleicht buntesten und aufwändigsten Varianten des Landes setzen sich aus mehreren Ritualen zusammen, alle gut dargestellt in **Monsoon Wedding** (Mira Nair, 2001).

Da Hochzeitsriten zwischen den einzelnen Religionsgemeinschaften und Regionen des Landes sehr unterschiedlich sein können, wird hier versucht einen gemeinsamen Nenner zu finden.

Kyā āp shādīshudā haiñ?
was Sie verheiratet sind
Sind Sie verheiratet?

Merī shādī nahīñ huī.	**Maiñ shādīshudā hūñ.**
mein(w) Heirat nicht war	*ich verheiratet bin*
Ich bin (noch) Single.	Ich bin verheiratet.

Die Hochzeit **(shādī)** ist das wichtigste Ereignis im Leben eines Inders oder einer Inderin. Es handelt sich dabei nicht nur um einen Vertrag, sondern eine Art lebenslange Ver-

Meist geht es hierbei weniger um die eigentlich Verheirateten als vielmehr um die Vereinigung von zwei Familien.

pflichtung, ein Bündnis mit einem Menschen einzugehen, und dementsprechend gut muss ein solches vorbereitet werden.

In Indien leben fast immer mehrere Generationen unter einem Dach. Die Frau verlässt nach der Hochzeit das Haus ihrer eigenen Familie, um fortan mit der ihres Angetrauten zu leben. Es ist im Vorfeld auch deshalb nicht einfach, den richtigen Partner zu finden, und deswegen ist es üblich, über entsprechende Organisationen und durch Heiratsannoncen auf sich aufmerksam zu machen.

Wer erstmal im heiratsfähigen Alter ist, erfährt auf der Suche nach dem Partner fürs Leben Unterstützung von der ganzen Familie. Der oder die Liebste sollte nämlich aus dem gleichen sozialen Umfeld kommen, der gleichen Kaste angehören und, wenn möglich, für den gesellschaftlichen und finanziellen Aufschwung der gesamten Familie sorgen.
Aber:

Tum paisoñ se sab kuch kharīd sakte ho ... lekin merā pyār nahīñ.
du Geld(g) von alles etwas kaufen(-) können bist aber meine Liebe(m) nicht
Mit Geld kannst du alles kaufen, aber nicht meine Liebe.

Üblich – wenn es auch auf dem Land nicht immer gesagt ist, dass sich die zukünftigen Ehepartner vor der Hochzeit überhaupt kennen lernen – sind übrigens Treffen zwischen den potentiellen Partnern im Haus des Mädchens. Hierbei sind selbstverständlich immer die Eltern anwesend und meistens gehen solche Treffen ziemlich steif und angespannt vor sich. Gute Beispiele findet man in:

Swades (Ashutosh Gowarikar, 2004)
Bend It Like Beckham (Gurinder Chadha, 2002), Köstlicher Hinglishstreifen!

Als Hinglish bezeichnet man die verhältnismäßig neue Sparte von Filmen, die von Auslands-Indern produziert werden. Die meisten dieser Streifen kommen aus Großbritannien oder den USA, befassen sich mit Themen der indischen Diaspora und sind gleichzeitig auf Englisch und Hindi. Daher auch der Name Hinglish!

Ein typischer Szenenablauf eines Bollywoodfilms wäre, dass der Sohn seinen Eltern ein Mädchen vorstellt, das er liebt, aber das nicht die gesellschaftlichen Werte erfüllt, die sein Vater gerne hätte:

Yeh shādī nahīñ ho saktī!
diese Heirat(w) nicht sein(-) können
Diese Heirat ist unmöglich!

Tum is khāndān kī bahū kabhī nahīñ ban saktī!
du diese(g) Familie von Schwiegertochter(w) jemals nicht werden(-) können(w)
Du kannst niemals unsere Schwiegertochter werden!

Kamīne, tū ne hamārī izzat ko miṭṭī meñ milā diyā. Nikal jā is ghar se!
Primitivling du von unser Ehre(w) zu Erde(w) in hineingeben(-) gegeben rausgehen(-) geh! dieser(g) Haus von
Du hast unsere Familienehre beschmutzt, du Verräter.
Verlasse sofort dieses Haus!

Āj se tū merā beṭā nahīñ aur maiñ terā bāp nahīñ.
Samajh le ki terā bāp mar gayā.
heute von du mein Sohn nicht und ich dein Vater nicht verstehen(-) nimm! dass dein Vater sterben(-) ging
Ab heute bist du nicht mehr mein Sohn
und ich nicht mehr dein Vater. Ich bin für dich gestorben!

Und schon haben wir einen Plot, der etwas aufgepeppt durchaus für einen dreistündigen Film genug Stoff liefert. Komplizierte Beziehungen sind, wie gesagt, immer wieder ein Thema in Bollywood. Zu den vielleicht bekanntesten Werken zählen u. a.:

Satyakam (Hrishikesh Mukherjee, 1969)
Amar Prem (Shakti Samanta, 1971)
Reshma aur Shera (Sunil Dutt, 1971)
Pakeezah (Kamal Amrohi, 1971)

Aus **Pakeezah** *stammt auch dieser geradezu filmhistorische Satz.*

Āpke pan̄v dekhe. Bahut hasīn hain̄. Inhe zamīn pe mat utāriyegā. Maile ho jāyeṅge.
Ihre Füße(Mz) schauen-Sie sehr schön sind-sie Erde auf nicht stellen-wird schmutzig sein(-) gehen-werden
Ihre Füße sind wunderschön. Berühren Sie damit nicht den Boden, sonst werden sie (noch) schmutzig.

Die nicht selten astronomisch hohen Kosten für die Hochzeit werden übrigens immer von der Familie der Braut übernommen, ein Grund, warum Inder sich eher Söhne wünschen.

Ist aber erstmal der richtige Partner gefunden, geht die Vorbereitung für das Ritual und das Fest los. In Indien ist das ein gesellschaftliches Ereignis, das die soziale Stellung der Familien zur Schau trägt, und so sind hier oft mehrere hundert, wenn nicht sogar tausend Gäste eingeladen.

Das Fest geht meist über mehrere Tage und man bekommt die feinsten kulinarischen Köstlichkeiten im Überfluss.

Beṭī to parāyā dhan hai!
Tochter(w) doch anderen Eigentum(m) ist
Eine Tochter bringt der eigenen Familie nichts.

Die Hochzeitsrituale bestehen aus mehreren Teilen: da ist Mehndi **(mehandī),** bei dem die Frauen und Mädchen – Männer sind nicht anzutreffen – mit Henna die Hände der Braut bemalen und dazu Hochzeitslieder singen. Auch der Bräutigam wird einparfümiert und für den großen Tag vorbereitet. Barat **(barāt)** nennt sich das Fest, bei dem der Bräutigam, begleitet von seiner Familie, seinen Freunden und einer Gruppe Musikanten, auf einem Pferd zum Haus der Schwiegereltern reitet, um seine Zukünftige abzuholen. Im Bundesstaat Punjab endet das nicht selten mit dem gemeinsamen Bhangra **(bhaṅgṛā)**, dem wichtigsten und bekanntesten Tanz Nordwestindiens.

Nach der Heirat ist es üblich, dass das Paar beim Betreten des Hauses des Bräutigams von den Frauen – Mutter, Schwestern, Cousinen etc. – begrüßt wird und eine Schüssel Reis mit dem Fuß umstößt. Dies soll Glück bringen.

Die Hochzeitszeremonie, die je nach Religionsgruppe variiert, besteht wiederum aus verschiedenen Teilen. Bei den Hindus ist das die Begrüßung, bei der sich die beiden Neuvermählten Blumengirlanden **(varmālā)** um den Hals legen, darauf folgt das **kanyā danam,** bei dem sich die Braut von ihrem jungfräulichen Leben rituell verabschiedet und dann von ihrem Vater feierlich an ihren Ehemann übergeben wird. All das findet auf einem Blumenbett namens **maṇḍap** statt. Darauf folgen die religiösen Rituale, die durch einen Priester **(purohit)** ausgeführt werden. Hierbei ist besonders der heilige Feuerritus **(havan)** wichtig. Nachdem der Bräutigam seinen Fuß auf einen Stein gestellt hat und der Frau seine Treue versprochen hat, gehen die beiden sieben Mal um das heilige Feuer **(agni)** – dabei

Das Hauptfest sowie das religiöse Ritual findet im Haus der Braut oder einem angemieteten Ort statt.

werden manchmal die Kleider miteinander verknotet. Die letzten sieben Schritte der Braut **(saptapadī)** verbildlichen ihre sieben Rechte und Verpflichtungen. Nachdem der Bräutigam ihr rotes Farbpulver **(sindūr)** auf die Haare gestreut hat, folgt der traurigste Teil der Hochzeit namens **vidāī** oder **ḍolī,** bei der die Braut sich von ihren Eltern verabschiedet. Ab jetzt wird sie im Haus des Bräutigams leben.

Bei allen Teilen spielt Musik eine wichtige Rolle, wenn auch nicht so sehr, wie man manchmal in Filmen glauben könnte. Die vielleicht ausgiebigste Hochzeit in einem Bollywoodfilm findet man in **Hum Aapke Hain Koun** (Sooraj Barjatya, 1994).

Ek laṛkā aur laṛkī kabhī dost nahīñ ho sakte ...
ein Junge und Mädchen jemals Freunde nicht sein(-) können
Ein Junge und ein Mädchen können niemals (nur) Freunde sein.

Irgendwann kommt es aber auch in den besten indischen Ehen zu Problemen, und wenn Scheidungen vor wenigen Jahren noch fast gänzlich unbekannt waren, so gibt es heutzutage in Städten wie Mumbai oder Delhi immer mehr davon. Hier ein Satz aus **Bewafaa** (Dharmesh Darshan, 2005).

Maiñ soc rahī thī ki ek premikā, ek patnī bevafā ho saktī hai magar ek māñ bevafā nahīñ ho saktī.
ich denken(-) blieb(w) war dass eine Geliebte eine Ehefrau untreu sein(-) können ist jedoch eine Mutter untreu nicht sein(-) können(w)
Ich dachte, dass eine Geliebte und eine Ehefrau untreu sein können, aber niemals eine Mutter.

In moslemischen Ehen reichte es früher, dass der Ehemann drei Mal den folgenden Satz zu seiner Frau sagte, um sich von ihr auf ewig zu trennen.

Maiñ tumko talāq detā hūñ!
ich dir Scheidung geben bin
Ich lasse mich von dir scheiden!

Themen wie sexueller Missbrauch, Ehebruch oder Scheidung spielen im kommerziellen Bollywood eine untergeordnete Rolle, denn das ist nicht, was die Massen sehen wollen. Trotzdem hat sich seit den 70er Jahren ein erfolgreiches Parallelkino entwickelt, das sich filmisch vorrangig mit diesen Tabus beschäftigt:

Die vielleicht grandiosesten Schauspielerinnen in Filmen dieser Sparte sind Shabana Azmi und Smita Patil, die durch ihre Werke seit über 30 Jahren die Entwicklung der indischen Frauen grundlegend mitprägen.

Ek Bar Phir (Vinod Pande, 1979) die unglückliche Frau verlässt ihren Ehemann, um mit ihrem Liebhaber zusammen zu leben;
Paroma (Aparna Sen, 1984); ähnlich geht es der frustrierten Raakhee in diesem Film
Subah (Jabbar Patel, 1981)
und **Arth** (Mahesh Bhatt, 1983) handeln von der Identitätssuche von Ehefrauen
Bhavna (Pravin Bhatt, 1984) hier prostituiert sich die verlassene Ehefrau, um ihrem Sohn das Medizinstudium zu ermöglichen
Astitwa (Mahesh Manjrekar, 2000) kritisiert die aufgesetzte Moral in Ehen
Nishant (Shyam Benegal, 1978),
Ankush (N. Chandra, 1985)
und **Damini** (Raj Kumar Santoshi, 1993) handeln von Vergewaltigung.

He bhagvān, mere suhāg kī rakshā karnā!
he Gott mein(g) Ehe von Schutz(w) machen
Lieber Gott, schütze meine Ehe!

Dass sich eine Frau entscheidet, nochmals zu heiraten, ist gesellschaftlich immer noch höchst revolutionär und auf dem Land geradezu unmöglich.

Ein weiteres oft behandeltes Thema ist die Frau nach dem Tod ihres Mannes. Nach den Regeln des Hinduismus ist die Witwe für ein Leben lang an das Treuegelübde zu ihrem Partner gebunden.

Filme zu diesem Thema:

Phool Aur Patthar (O. P. Ralhan, 1966)
Saraswatichandra (Govind Saraiya, 1968)
Andaz (Ramesh Sippy, 1971)

Noch im 19. Jahrhundert gab es den Brauch unter Brahmanen, nach dem Witwen (lebendig) zusammen mit dem verstorbenen Mann verbrannt wurden. Dieser als **satī** bezeichnete barbarische Ritus wurde bereits 1829 – noch von den Briten – verboten und trotzdem gibt es im ländlichen Indien sporadisch immer wieder Fälle davon. Filmisch wurde dieses Thema des öfteren aufgegriffen. Der vielleicht interessanteste Beitrag dazu ist **Sati** (Aparna Sen, 1989). Ein Sprichwort aus dem Punjab sagt:

Triyā caritr jāne nahīñ koī, khasam mārke satī hoy.
Frau(w) Charakter wissen(g) nicht jemand Ehemann tötend Sati(w) wird
Niemand vermag zu wissen, was in einer Frau vorgeht, sie kann ihren Ehemann umbringen und dann mit ihm Sati begehen.

Die wichtigsten Schauspielerinnen

Das Bollywoodkino wird von einem stark entwickelten Starsystem getragen. Stars sind in Indien omnipräsent, sie prangen von Werbeplakaten und ihre privaten Stories sind in Presse und Fernsehen allgegenwärtig. Ähnlich wie bei den Regisseuren ist es äußerst schwierig, hier eine faire Auswahl zu geben, ohne dabei nicht einige wichtige Namen zu unterschlagen. Unbedingt gehört haben muss man aber von den folgenden Damen:

Amerikanische Konzerne – wie Pepsi® – mussten die bittere Erfahrung machen, dass ihre Produkte sich mit dem exportierten Werbeauftritt in Indien nicht absetzen ließen. Erst als die US-Ikonen durch indische ersetzt wurden, boomten auch die Verkaufszahlen.

Nargis spielt in ihrer letzten Rolle eine schizophrene Frau, die zwischen der Dunkelheit und dem Licht des Lebens hin und her gerissen ist. Daher der Titel **rāt aur din** *(Nacht und Tag).*

Nargis (1929-1981) ist der Star des indischen Films der späten 40er und 50er Jahre schlechthin. Sie hatte ihren endgültigen Durchbruch 1949 mit **Andaz** von Mehboob Khan. In Folge prägte sie Bollywood an der Seite von Raj Kapoor in Filmen wie: **Barsaat** (1949), **Awara** (1951), **Shri 420** (1955) oder **Chori Chori** (1956).

Der Höhepunkt der Filmkarriere Nargis' war **Mother India** von Mehboob Khan (1957). In diesem epischen Meisterwerk spielt sie die prinzipientreue indische Bäuerin Radha in allen Stationen ihres Lebens. Der Film erhielt 5 Filmfare Awards und wurde für den Oscar als Bester fremdsprachiger Film nominiert.

Nargis war die erste Filmpersönlichkeit, die mit dem Padma Shri ausgezeichnet wurde und nach **Raat Aur Din** (Satyen Bose, 1967) widmete sie ihre Energie vorrangig Wohltätigkeitsaufgaben. Aus **Barsaat** stammt dieser Satz:

Kabhī kabhī maiñ tumheñ dekhkar
soctā hūñ tum merā hī hissā ho.
manchmal manchmal ich dich sehend
denken bin du mein doch Teil bist
Manchmal wenn ich dich sehe,
denke ich, dass du ein Teil von mir bist.

Madhubala (1933-1969) war der Inbegriff der Quereinsteigerin ins Filmgeschäft. Sie wurde als fünftes von elf Kindern einer armen Familie geboren und arbeitete sich zum Filmstar hoch. Ihre größten Rollen waren in Kamal Amrohis Thriller **Mahal** (1949), Mehboob Khans **Amar** (1954), sowie die Kurtisane Anarkali in **Mughal-e-Azam** (K. Asif, 1960).

Madhubala war äußerst vielseitig begabt. Sie war in Komödien wie **Chalti Ka Naam Gaadi** (Satyen Bose, 1958) *gleichermaßen exzellent wie in Thrillern, z. B.* **Howrah Bridge** (Shakti Samanta, 1958).

Anārkalī, Salīm kī muhabbat
tumeñ marne nahīñ degī aur ham
tumeñ jīne nahīñ deṅge!
Anarkali Salim von Liebe
dir sterben(g) nicht geben-wird(w) und wir
dir leben(g) nicht geben-werden
Anarkali, deine Liebe zu Salim
lässt dich nicht (leicht) sterben,
aber ich (der Moghul und Salims Vater)
lasse dich auch nicht leben!

Meena Kumari (1932-1972) gilt als die Königin der Bollywoodtragödie. Sie debütierte in mythologischen Filmen, bevor sie 1952 in **Baiju Bawra** (Vijay Bhatt) als romantisch-tragische Heldin ihren Durchbruch hatte und den ersten Filmfare Best Actress Award bekam. In ihrer eindrucksvollsten darstellerischen Leistung in **Sahib Bibi aur Gulam** (Abrar Alvi, 1962) spielte sie eine deprimierte Alkoholikerin, die verzweifelt versucht, ihren abtrünnigen Ehemann zurückzugewinnen. Aber Alkohol spielte auch in ihrem Privatleben eine fatale Rolle. Ihr letzter Film **Pakeezah** (Kamal Amrohi, 1971) wurde erst nach ihrem Tod an Leberzirrhose zu einem Klassiker.

Bei den Dreharbeiten zu **Pakeezah** *war Meena Kumari bereits zu krank, um die aufreizenden Mujra-Tanzszenen selber durchzuführen. Sie wurde dabei von Padma Khanna – durch einen Schleier nicht zu erkennen – gedoubelt.*

Calo dildār calo!
geh-! Herz-habend geh-!
Los, du Gütiger, los!

Sie wurde im Jahre 2000 mit dem Padma Shri ausgezeichnet und erhielt sogar den Filmfare Lifetime Achievement Award.

Hema Malini (1948) stammt aus Südindien, genoss eine klassische Tanzausbildung und war seit ihrem durchschlagenden Erfolg mit **Johnny Mera Naam** (Vijay Anand, 1970) der weibliche Superstar der 70er Jahre. Zu ihren größten Hits zählen:

Seeta Aur Geeta (Ramesh Sippy, 1972)
Sholay (Ramesh Sippy, 1975) mit ihrem späteren Ehemann Dharmendra
Khushboo (Gulzar, 1975)
Meera (Gulzar, 1979)

Selbst heute begeistert sie die Zuschauer immer noch in Filmen wie **Baghban** (Ravi Chopra, 2003) oder **Veer-Zaara** (Yash Chopra, 2004). Hema Malini spielte insgesamt in mehr als 100 Filmen.

Yeh hāth mujhe de de Ṭhākur.
diese Hand mir gib! gib! Thakur
Gib mir deine Hand, Thakur!

Rekha (1952) wurde durch ihre Rolle als Prostituierte in **Muqaddar Ka Sikandar** (Prakash Mehra, 1978) schnell zur „Femme Fatale" Bollywoods. Weitere Hits waren:

Silsila (Yash Chopra, 1981)
Umrao Jaan (Muzaffar Ali, 1981)
für den sie als beste Hauptdartellerin mit dem National Film Award ausgezeichnet wurde

In **Kamasutra: A tale of love** (Mira Nair, 1996) spielte sie die Lehrerin der alten indischen Liebeskunst. Aber auch in ihrem Privatleben sorgte Rekha im prüden Indien des öfteren für Aufregung. Die Klatschpresse sagte ihr diverse Affären, u. a. auch mit den Filmschaffenden Amitabh Bachchan, Vinod Mehra und Akshay Kumar nach, ein Grund, warum ihr Mann, der Industrielle Mukesh Aggarwal, 1991 Selbstmord beging.

Mit mehr als 170 Filmen in ihrem Portfolio (Hollywoodstars kommen kaum auf mehr als 70!), erstaunt es nicht, dass sie bereits zwei Mal (1980 und 1986) den Filmfare Award als Beste Hauptdarstellerin erhielt und im Jahre 2002 sogar mit dem Filmfare Lifetime Achievement Award ausgezeichnet wurde.

Madhuri Dixit (1967) wurde durch ihr Talent für den Tanz und ihre erotische Ausstrahlung ab dem ersten Erfolg in **Tezaab** (N. Chandra, 1988) schnell zum absoluten weiblichen Star des Bollywoodfilms der 90er Jahre. Ihre größten Hits dieses Jahrzehnts waren:

Dil (Indra Kumar, 1990)
Beta (Indra Kumar, 1992)
Khal Nayak (Subhash Ghai, 1993)
Hum Aapke Hain Koun (Sorraj Barjatya, 1994)
Dil To Pagal Hai (Yash Chopra, 1997)
Devdas (Sanjay Leela Bhansali, 2002)
ihr vorerst letzter Film

Aishwarya Rai (1973) wurde 1994 zur Miss World gewählt. Sie ist seitdem professionelles

Model und Schauspielerin, sowohl in Bollywood- als auch in Hollywoodfilmen. Ihren Durchbruch erlebte sie durch Sanjay Leela Bhansali und seinen Film **Hum Dil De Chuke Sanam** (1999). Weitere Blockbuster waren u. a.:

Devdas *brachte Rai ins internationale Rampenlicht, da er als erster indischer Film auf dem Filmfestival von Cannes gezeigt wurde.*

Taal (Subhash Ghai, 1999)
Mohabbatein (Aditya Chopra, 2000)
Devdas (Sanjay Leela Bhansali, 2002)
Bride & Prejudice (Gurinder Chadha, 2004) auch in den USA überaus erfolgreich

Preity Zinta ist in den 2000er Jahren eine der beliebtesten Schauspielerinnen in Bollywood.

Preity Zinta (1974) war Model und Nachrichtensprecherin, bevor sie vom Regisseur Shekhar Kapur entdeckt wurde. Ihr Debüt hatte sie in **Dil Se** (Mani Ratnam, 1998) und zu ihren weiteren Erfolgen in jüngster Zeit zählen:

Kya Kehna (Kundan Shan, 2000)
Koi ... Mil Gaya (Rajesh Roshan, 2003)
Kal Ho Naa Ho (Nikhil Advani, 2003)

Die Schwestern **Karisma** (1975) und **Kareena** (1980) **Kapoor** gehören der berühmtesten Schauspielerdynastie Bollywoods an. Der Vater Randhir Kapoor ist Schauspieler, Großvater ist der legendäre Raj Kapoor und der Urgroßvater Prithviraj Kapoor war ebenfalls Schauspieler. Karismas Tophits sind:

Raja Hindustani (Dharmesh Darshan, 1996)
Dil To Pagal Hai (Yash Chopra, 1997)
Fiza (Khalid Mohamed, 2000)

Zubeida (Shyam Benegal, 2001) und
Shakti: The Power (Krishna Vamshi, 2002).

Immer wieder wird manchen Stars und Starlets vorgeworfen, dass sie trotz mäßiger Begabung allein durch ihre Zugehörigkeit zu einem der großen Familienclans Erfolg in Bollywood haben. Karisma und Kareena gehören zwar dem einflussreichsten indischen Filmclan an, Talentlosigkeit kann man ihnen aber auf keinen Fall nachsagen.

Ihre jüngere Schwester Kareena debütierte in **Refugee** (J. P. Dutta, 2000) zusammen mit Abhishek Bachchan. Danach folgten Rollen:

in **Kabhi Khushi Kabhie Gham** (Karan Johar, 2001) als Poo
in **Asoka** (Santosh Sivan, 2001) als Prinzessin Kaurwaki
in **Chameli** (S. Mishra, 2003) als Prostituierte
in **Dev** (Govind Nihalani, 2004) gänzlich ungeschminkt

Muhabbat dostī hai!
Liebe Freundschaft ist
Liebe ist Freundschaft!

Kajol (1975) kommt aus einer Familie von Filmschaffenden, die bereits seit Generationen in Bollywood tätig ist. So war ihre Tante **Nutan** (1936-1991) eine der erfolgreichsten Schauspielerinnen der 60er Jahre, und ihr Vater, Somu Mukherjee, ist Produzent. Auch ihre Cousine **Rani Mukherjee** (1978) ist heute eine überaus berühmte Schauspielerin. Kajol erregte mit **Baazigar** (Abbas und Mastan A. Burmawalla, 1993) Aufmerksamkeit und stand danach immer wieder zusammen mit Shah Rukh Khan erfolgreich vor der Kamera:

Das Leinwand-Paar Kajol und Shah Rukh Khan war bis dato immer ein Erfolgsrezept in Bollywood, denn alle Filme, in denen sie die Hauptrollen spielten, liefen ungewöhnlich lange in den Kinos.

Dilwale Dulhania Le Jayenge (A. Chopra, 1995)
Kuch Kuch Hota Hai (K. Johar, 1998)
Kabhi Khushi Kabhie Gham (K. Johar, 2000)

Die wichtigsten Schauspieler

Einer der erfolgreichsten Schauspieler Indiens war Raj Kapoor, der auch als Regisseur tätig war und auf den dadurch bereits im entsprechenden Kapitel näher eingegangen wurde. Hier einige andere Superstars:

1995 erhielt Dilip Kumar für seinen Beitrag den höchsten indischen Preis für Filmschaffende, den Dadasaheb Phalke Award. Er ist außerdem achtfacher Preisträger des Filmfare Award/Bester Hauptdarsteller und wurde auch mit dem Filmfare Award/Lebenswerk ausgezeichnet. 1998 wurde ihm als zweitem Inder die Ehre zuteil den höchsten Zivilorden Pakistans, den Nishan-e-Imtiaz, zu bekommen.

Dilip Kumar (1922) wird als „König der Tragödie" des indischen Films bezeichnet. Er hielt sich mit kleinen Jobs über Wasser, bis er 1944 von der Produzentin Devika Rani entdeckt wurde. Dilip Kumars typische Rolle war der unglückliche Liebhaber, mit der er 1949 seinen ersten großen Erfolg in Mehboob Khans Film **Andaz** feierte. Mit Werken wie **Devdas** (Bimal Roy, 1956) oder **Mughal-e-Azam** (K. Asif, 1960) avancierte er schnell zu einem der erfolgreichsten Schauspieler der 50er und 60er Jahre. Hier zwei Sätze aus **Devdas** (Bimal Roy, 1956):

Hāth mat lagāo, Candramukhī!
Hand(m) nicht anbringe-! Mond-Gesicht
Fass mich nicht an, Chandramukhi!

Ab bhī kuch hosh bāqī hai.
jetzt auch etwas Bewusstsein(m) bleibend ist
Ich habe mein Bewusstsein noch.

Shammi Kapoor (1931) ist der jüngere Bruder Raj Kapoors, er hatte aber im Gegensatz zu diesem nur sehr mäßige Erfolge in den 50er Jahren. Anfang der 60er Jahre veränderte er sein Outfit und war fortan der „rebellische" Held der Leinwand.

Mit seinem ersten Farbfilm **Junglee** (Subodh Mukherjee, 1961) etablierte er sich in seiner wiederum neuen Rolle als jugendlicher Star in einfach gestrickten Unterhaltungsfilmen und war damit über fast 10 Jahre der beliebteste Held der breiten Masse.

1968 gewann er für seine Rolle in **Brahmachari** *(Bhappi Sonie) den Filmfare Best Actor Award.*

Dharmendra (1935) wurde bei einem Filmfare Talentwettbewerb entdeckt. Er hatte 1960 sein Filmdebüt und war in den Folgejahren vorrangig als romantischer Liebhaber zu sehen. Seinen ersten großen Erfolg hatte er in **Bandini** (Bimal Roy, 1963) zusammen mit Nutan. **Satyakam** (Hrishikesh Mukherjee, 1969) gilt als seine schauspielerisch anspruchsvollste Rolle. Großartig ist aber auch **Guddi** (Hrishikesh Mukherjee, 1971), wo er mit Jaya Bhaduri Millionen Herzen verzauberte.

Sunny und Bobby Deol, seine beiden Söhne aus erster Ehe, sind ebenfalls erfolgreiche Schauspieler, genauso wie seine Tochter Esha aus der Ehe mit Hema Malini.

In den 70er Jahren veränderte er sein Image und verkörperte fortan mit durchschlagendem Erfolg Pistolenhelden in unterhaltsamen Actionfilmen, sogenannten „Currywestern". Dharmendra spielte die Hauptrolle in **Sholay** (Ramesh Sippy, 1975) gemeinsam mit Amitabh Bachchan, Sanjeev Kumar und Hema Malini. Mit Malini drehte er weitere Filme und schließlich wurde sie 1980 seine Ehefrau. Dharmendra wirkte in mehr als 220 (!) Fil-

Er ist außerdem politisch für die hinduistisch-konservative Bharatiya Janata Party (BJP) aktiv und seit 2004 Parlamentsmitglied.

men mit und er ist auch als Komödiant äußerst begabt, wie in **Chupke Chupke** (Hrishikesh Mukherjee, 1975) zu sehen ist.

Tumhārā nām kyā hai, Basantī?
dein Name(m) was ist Basanti
Wie heißt du, Basanti?

Terā kyā hogā, Kāliyā?
dein was sein-wird Kaliya
Was soll aus dir werden, Kaliya?

Als die BBC eine weltweite Umfrage startete, wer der berühmteste Entertainment-Star des 20. Jahrhunderts sei, landete „The Big B“ auf Platz eins.

Amitabh Bachchan (1942) – auch unter dem Namen „Big B“ bekannt – ist mit Abstand der absolute Supermegastar des indischen Films. Wer sich näher mit Bollywood beschäftigt, wird nicht lange darum herumkommen, auf Amitabh zu stoßen, und so erstaunt es nicht, dass er zahlreiche Preise und Auszeichnungen bekommen hat. Nach seinem Filmdebüt in Khwaja Ahmad Abbas' **Saat Hindustani** (1969), avancierte Amitabh Bachchan in den 70ern und 80ern schnell zum Superstar, wanderte aber Anfang der 90er in die Bedeutungslosigkeit ab. Erst sein Erfolg mit der TV-Show **Kaun Banega Crorepati** („Wer wird Millionär?“) brachte ihn zurück ins Rampenlicht. Neuere Filme mit Amitabh sind:

Mehr Informationen finden Sie auch im Kapitel Amitabh & die 70er / Anfang 80er Jahre.

Mohabbatein (Aditya Chopra, 2000)
Kabhi Khushi Kabhie Gham (K. Johar, 2001)
Baghban (Ravi Chopra, 2003)
Black (Sanjay Leela Bhansali, 2005)

Are Ramesh kyā tumne kaī Amitābh kī film dekhī hai?
hey Ramesh was dein-von einige Amitabh von Film(w) gesehen ist
He Ramesh, hast du schon mal einen Film mit Amitabh gesehen?

Maiñ ne unkī sab filmeñ dekhī haiñ.
ich durch seine alle Filme gesehen sind
Ich habe all seine Filme gesehen.

Hier einer der vielen filmhistorischen Sätze Amitabhs aus **Kaalia** von Tinnu Anand (1981):

Āpne jail kī dīvāroñ aur zanjīroñ kā lohā dekhā hai jailer sāhib, Kāliyā kī himmat kā faulād nahīñ dekhā.
Sie-durch Gefängnis von Mauern(g) und Ketten(g) von Eisen gesehen ist „Gefängnisleiter" Herr Kaalia von Mut von Stahl(m) nicht gesehen
Herr Gefängnisleiter, Sie kennen ihre Mauern und ihre eisernen Ketten, jedoch den stählernen Mut Kaalias haben Sie noch nicht kennen gelernt!

Sanjay Dutt (1959) ist der Sohn der Superstars Nargis und Sunil Dutt. Sein Filmdebüt als Hauptdarsteller hatte er 1981 in **Rocky** (Sunil Dutt) und in Folge etablierte er sich als Actionheld in Mainstream-Unterhaltungsfilmen. Seine größten Hits waren:

Saajan	(Lawrence D'Souza, 1991)
Khal Nayak	(Subhash Ghai, 1993)
Daag: The Fire	(Raj Kanwar, 1999)
Haseena Maan Jayengi	(David Dhawan, 1999)
Munnabhai M.B.B.S.	(R. Hirani, 2003)

Mindestes ebenso viel Aufsehen wie seine Filme erregt Sanjay Dutts Privatleben. Er war

Seit einigen Jahren produziert er zusammen mit Sanjay Gupta eigene Filme wie **Kaante** (Sanjay Gupta, 2002) *oder* **Musafir** (Sanjay Gupta, 2004).

über die Jahre in zahlreiche Skandale verwickelt – so sagte man ihm Verstrickungen in die Bombenattentate von Mumbai im Jahre 1993 nach, bei denen über 200 Menschen umkamen. Er verbrachte für unerlaubten Waffenbesitz über ein Jahr im Gefängnis, außerdem war er schwer drogenabhängig, wofür er in den USA rehabilitiert wurde. Ebenso hart traf ihn der Tod seiner ersten Frau und der darauf folgende Rechtsstreit um die Vormundschaft seiner Tochter.

Plan ek gharī hai, swiss watch. Watch ke purze, yānī ham, perfect to gharī bhī perfect!
"Plan" eins Uhr(w) ist „Schweizer Uhr" „Uhr" von Teile d.-h. wir „perfekt" dann Uhr auch „perfekt"
Der Plan ist wie eine Schweizer Uhr. Wenn die Einzelteile – d. h. wir – perfekt funktionieren, funktioniert auch die Uhr perfekt!

Shah Rukh Khan – auch „King Khan" genannt – ist auch über die Grenzen Indiens zu einem Superstar aufgestiegen. Bei uns ist er der Inbegriff Bollywoods schlechthin!

Shah Rukh Khan (1965) ist gegenwärtig der erfolgreichste Schauspieler und seit einigen Jahren auch Produzent Bollywoods. Er debütierte in der Fernsehserie **Fauji** und schaffte von dort den Sprung in die Kinoindustrie. In seinen früheren Filmen verkörperte er bereits romantische Helden, ließ sich aber dann in Filmen wie **Darr** (Yash Chopra, 1993) und **Baazigar** (Abbas und Mastan A. Burmawalla, 1993) als Bösewicht besetzen. Ab Mitte der 90er wechselte er wieder vom Bösewicht zum romantischen Helden. Dies ist in Bollywood sehr selten und macht Shah Rukh Khan zu einer Ausnahme.

Man sagt, er sei der Star mit der weltweit größten Fangemeinde und so überrascht es nicht, dass er 2005 mit dem Padma Shri ausgezeichnet wurde. Zu seinen absoluten Megahits – zusammen mit Kajol – gehören:

Dilwale Dulhania Le Jayenge (A. Chopra, 1995)
Kuch Kuch Hota Hai (Karan Johar, 1998)
Kabhi Khushi Kabhie Gham (K. Johar, 2000)

Kabhi Khushi Kabhie Gham *gilt als Film mit den weltweit meisten Zuschauern und war der, auch im Ausland bislang erfolgreichste Bollywoodfilm, einer der ersten, der in Deutschland (mit deutschen Untertiteln) in den Kinos lief und synchronisiert als Fernsehfassung vorliegt.*

Aamir Khan (1965) begann seine Karriere als 8-jähriger Kinderstar im Film **Yaadon Ki Baraat** (Nasir Hussain, 1973) und wurde mit dem Film **Qayamat Se Qayamat Tak** (Mansoor Khan, 1988) bekannt. Aamir Khan ist berühmt dafür, immer nur an einem Film zu arbeiten und nicht wie die meisten seiner Kollegen an vielen gleichzeitig. Er zeichnet sich auch durch seine Vielseitigkeit aus: So schrieb er das Drehbuch für den Film **Hum Hain Rahi Pyaar Ke** (Mahesh Bhatt, 1993), in dem er auch selbst mitspielte; er hat – ungewöhnlicherweise – selbst in dem Hit-Film **Ghulam** (Vikram Bhatt, 1998) gesungen. Aus **The Rising: Ballad of Mangal Pandey** (Ketan Mehta, 2005) ist dieser Satz:

Auch sein patriotisch angehauchtes Drama **Rang de Basanti** (Rakesh Omprakash Mehra, 2006) *war ein Riesenerfolg. Im Jahr 2003 wurde auch er mit dem Padma Shri ausgezeichnet.*

Maiñ Hindustān hūñ!
ich Hindustan bin
Ich bin Hindustan!

Salman Khan (1965) ist ein weiterer romantischer Held Bollywoods. Er stammt aus einer

Khan ist einer der häufigsten Nachnamen unter Moslems in Südasien. Shah Rukh, Aamir und Salman sind aber nicht miteinander verwandt.

Familie mit enger Verbindung zum Film und startete seine Karriere mit einer Reihe von Hits wie:

Maine Pyar Kiya (Sooraj Barjatya, 1989)
Saajan (Lawrence D'Souza, 1991)
Hum Aapke Hain Koun (S. Barjatya, 1994)
Kuch Kuch Hota Hai (Karan Johar, 1998)
Hum Dil De Chuke Sanam (Sanjay Leela Bhansali, 1999)

Auch sagte die Presse Salman Khan immer wieder Beziehungen zur Mafia nach, speziell wegen der ungeklärten Finanzierung seines Films **Chori Chori Chupke Chupke** (Abbas und Mastan A. Burmawalla, 2001).

In den letzten Jahren machte aber auch sein Privatleben immer wieder Schlagzeilen, z. B. seine gescheiterte Beziehung mit Aishwarya Rai oder seine Verhaftung nach einem durch Trunkenheit am Steuer ausgelösten Unfall, bei dem ein Mensch zu Tode kam.

Hrithik Roshan (1974) ist der vorerst jüngste Superstar Bollywoods. Auch er hatte seine erste Filmrolle bereits als Kind, und zwar 1980 in **Aasha** (J. Om Prakash). Später arbeitete er hinter der Kamera für seinen Vater Rakesh Roshan. Hrithik wurde durch **Kaho Na ... Pyar Hai** (Rakesh Roshan, 2000) „über Nacht" zum Star. Seine Filme hatten nur mäßigen Erfolg, abgesehen von:

Kabhi Khushi Kabhie Gham (K. Johar, 2000)
Na Tum Jano Na Hum (Arjun Sablok, 2002)
Koi ... Mil Gaya (Rakesh Roshan, 2003)

Die Anfänge Bollywoods

Für den Laien mag Bollywood eine verhältnismäßig neue Erscheinung sein, dem ist aber ganz und gar nicht so. Schon bevor die ersten Geschichten auf Zelluloid gebannt wurden, waren die Inder äußerst spektakel- und sensationsliebend. Die Bühne hatte seit jeher ihren festen Platz unter den beliebtesten Künsten des Landes, und speziell im Laufe des 19. Jahrhunderts gelangte das Theater der Parsis, dessen Zentrum auch damals schon in Mumbai (Bombay) lag, zu enormer Popularität.

Das Parsi-Theater Bombays und seine hybride Mischkultur wird häufig als Basis für den indischen Film bezeichnet.

In der bereits größten Stadt des Subkontinents gab es durch die britische Kolonialherrschaft Zugang zu den neuesten westlichen Entwicklungen. Bereits im Jahre 1896 – also gerade mal ein Jahr nach der ersten öffentlichen Filmvorführung der Geschichte im Salon des Grand Café in Paris – stellten Abgesandte der Lumière-Brüder in der Stadt – allerdings exklusiv für Weiße – die ersten Kurzfilme vor.

Bereits damals wurden in den meisten Darstellungen westliche Stücke – nicht selten von Shakespeare – mit Stilmitteln wie Gesang, Tanz, Kostümen usw. indianisiert.

Es sollte aber noch 16 Jahre dauern, bis sich der erste Inder des neuen Mediums bediente. Es war Dadasaheb G. Phalke (1870-1944) – auch als Vater des indischen **Kommerzkinos** bekannt – der ein Angebot, in Deutschland als Kunstdrucker anzufangen, ausschlug und stattdessen 1912 nach London ging, um Ausrüstung für die Produktion eines Films zu erwerben. Angeblich verkaufte er den Schmuck seiner Frau, um Indiens ersten Spielfilm zu produzieren. Das Ergebnis war die mythologisch inspirierte Geschichte von **Raja Harishchandra**, die am 3. Mai 1913 in die Kinos kam und ein rasender Erfolg wurde, denn erstmals sahen die Menschen auf der Leinwand ein Thema, das ihrer Kultur und ihren Traditionen entsprach. In den Folgejahren gingen immer mehr Regisseure Phalkes Beispiel nach. Der indische Film wurde schnell äußerst kommerziell mit Streifen wie:

Zum Vergleich: in Deutschland entstand die Filmproduktion Ufa 1917. Die ersten kommerziellen Filme wurden ab 1920 gedreht.

Shri Krishna Janma (D. G. Phalke, 1918)
Bhakta Vidur (Kanjibhai Rathod, 1921)

Bollywood war geboren! Der mythologische Film dominierte danach das indische Kino für eine Weile, bis sich Mitte der 20er Jahre der Geschmack des Publikums zu mehr actionlastigen Sujets hin änderte. Von da an neigten die ersten Filmemacher zum Einsatz von Special-Effects, aufwändigen Sets und die technischen Aspekte des Filmens wurden immer ausgetüftelter. Durch die neuen Bedürfnisse der Kreativen und den wachsenden Absatzmarkt kam es sehr rasch zur Herausbildung eines Studiosystems, das mit dem Hollywoods strukturell, aber natürlich nicht finanziell vergleichbar ist.

Dennoch muss gesagt werden, dass die meisten Studios dieser Ära nicht lange existierten, denn zu ihren Aufgaben gehörten – im Unterschied zum amerikanischen Vorbild – weder der Verleih der Filme noch die Kontrolle über die Kinos.

1931 war dann das Jahr, in dem der erste Tonfilm **Alam Ara** von Ardeshir Irani anlief. Bereits hier spielten Musik- und Tanzeinlagen eine wichtige Rolle, und dadurch hatte der

Film eine Länge von über zwei Stunden. **Alam Ara** war ein gewaltiger Erfolg und fand deshalb jede Menge Nachahmer. Zu den Hits der 30er Jahre gehören:

Aufgrund der schwierigen klimatischen Verhältnisse in Indien ist ein Großteil des Filmmaterials der ersten Jahrzehnte Bollywoods heute nicht mehr zu bewundern. Die Feuchtigkeit hat viele Filme zumindest teilweise zerstört.

Devdas (P. C. Barua, 1935)
Khoon Ka Khoon (Sohrab Modi,1935)
Talas-e-Haq (Chimanlal Luhar, 1935)
Do Diwane (Chimanlal Luhar, 1936)
Duniya Na Mane (R. V. Shantaram, 1937)
Admi (R. V. Shantaram, 1939)
Pukar (Sohrab Modi, 1939)

Die erste Hälfte der 40er Jahre war durch den Zweiten Weltkrieg gezeichnet. Durch den Bedarf an Rüstungsmaterial wurde auch Indien rasant industrialisiert. Dies zog eine enorme Landflucht nach sich. Hunderttausende strömten in die Städte, um dort nach Arbeit zu suchen. Die Briten waren durch den Zweifrontenkrieg gegen Deutsche und Japaner geschwächt und dadurch gezwungen, auch in Indien politische Zugeständnisse in Richtung Selbstverwaltung zu machen.

Filmisch waren ab sofort Themen gefragt, mit denen sich die Menschen identifizieren konnten.

Aurat (Mehboob Khan, 1940)
Padosi (Rajaram Vankudre Shantaram, 1941)
Sikandar (Sohrab Modi, 1941)
Basant (Amiya Chakrabarty, 1942)
Khandaan (Shaukat Hussain Rizvi, 1942)
Muqabala (N. Bhatt und B. Mistri, 1942)
Kismet (Gyan Mukherjee, 1943)
Anmol Ghadi (Mehboob Khan, 1946)
Neecha Nagar (Chetan Anand, 1946)

In die Zeit der zunehmenden Landflucht fiel auch die sprachliche Entwicklung des indischen Films. Das poetische Theater-Urdu wurde durch das gesprochene Hindi des „einfachen Mannes" ersetzt, um alle Schichten gleichermaßen anzusprechen.

Hier der Refrain eines Liedes aus **Kismet**:

Dūr haṭo ae duniyā vālo,
Hindustān hamārā hai!
weit weggeh-! O Welt Besitzer Indien unser ist
Geht weit weg, ihr Fremden, Indien ist unser!

Im Jahr 1947 wurde Indien unabhängig, und die bereits erstaunlich erfolgreiche Filmindustrie war mehr denn je auf der Suche nach einer eigenen Identität. Große Megahits bis zu Beginn der 50er Jahre:

Aag (Raj Kapoor, 1948)
Andaz (Mehboob Khan, 1949)
Barsaat (Raj Kapoor, 1949)
Mahal (Kamal Amrohi, 1949)

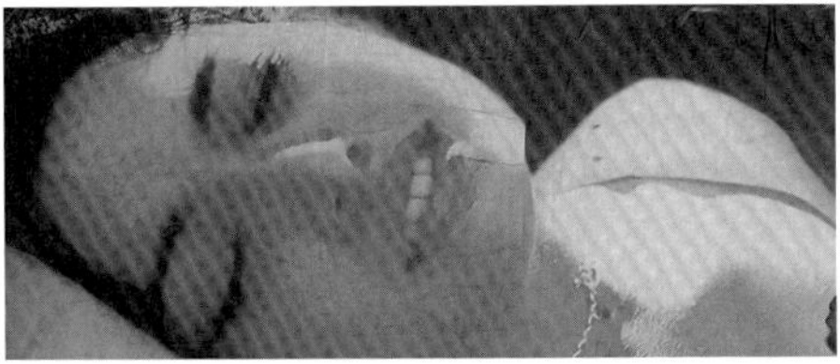

Mujhse kisī kī zarūrat nahīñ!
mir-von irgedetwas von Notwendigkeit(w) nicht
Ich brauche (gar) nichts!

Merā bhī tumhārī tarah taṛapne ko jī kartā hai.
mein auch dein Art(w) ungeduldig-sein(g) zu leben(-) machen ist
In etwa: Auch ich fühle den gleichen Schmerz wie du.

Bollywood & Deutschland

In Bezug auf die 30er und 40er Jahre ist die Entstehungsgeschichte von Bombay Talkies Ltd., dem Studio, das in jener Zeit einige der besten Filme produzierte, besonders interessant. Alles begann im Jahr 1925, als sich der deutsche Regisseur Franz Osten dazu entschloss, den Heimatfilm **Die Leuchte Asiens** (auf Hindi: **Prem Sanyas**) in Indien zu drehen.

Im Zuge der Dreharbeiten machte er Bekanntschaft mit Himansu Rai, und die beiden begannen eine äußerst erfolgreiche Zusammenarbeit. Nachdem die Werke von Franz Osten in Deutschland nur sehr mäßigen Anklang beim Publikum fanden, ging er in den 30er Jahren nach Indien, um nun dort mit gemischten Teams Produktionen für den indischen Markt auf Hindi zu drehen. In Folge kam es zur Gründung der Bombay Talkies Ltd. Studios. Andere Filme der beiden waren u. a.: **Achhut Kanya** (1936), **Prem Kahani** (1937) und **Kangan** (1939).

Ebenso erfolgreich war der aus Österreich stammende Kameramann Josef Wirsching, der bis in die 70er Jahre aktiv im indischen Film tätig war und vor allem den wichtigsten Filmen des Regisseurs Kamal Amrohi seine sehr eigene Handschrift verlieh. Zu seinen großen Arbeiten gehören neben **Die Leuchte Asiens** und **Achhut Kanya** vor allem **Mahal** (Kamal Amrohi, 1949) und **Pakeezah** (Kamal Amrohi, 1971).

Der Bollywoodpionier Franz Osten kam aus München und hieß eigentlich Franz Ostermayr (1876-1956). Er war einer der Brüder, die die Emelka-Filmstudios gegründet hatten, aus denen später die Bavaria Filmproduktion entstand.

Sein Partner Himansu Rai fungierte dabei meist als Darsteller – ebenso wie dessen Frau Devika Rani – und als Produzent.

Franz Osten wurde bereits zu Kriegsbeginn 1939 als „feindlicher Ausländer" ausgewiesen. Himansu Rai starb 1940. Trotzdem bestanden die Studios noch viele Jahre und produzierten weiterhin große Hits.

Die „Goldene Ära" der 50er & 60er Jahre

Die 50er und 60er Jahre sind unter Cineasten so etwas wie die „Goldene Ära" Bollywoods. In dieser Zeit wurden eine Vielzahl an bis heute gespielten und verehrten Klassikern gedreht, und wenn auch die meisten dieser Filme nur wenig mit dem zu tun haben, was man heute unter Bollywood versteht, so sind sie doch ein wichtiger Teil, um die weitere Entwicklung des indischen Kinos zu verstehen.

Unter anderem war dies die Periode unmittelbar vor der klaren Spaltung zwischen dem Mainstream- und dem **Parallelkino** der oftmals bengalischen Autorenfilmer wie Satjayit Ray und Ritwik Ghatak oder später Shyam Benegal und Mrinal Sen. Geprägt wurde diese Epoche aber vor allem durch die beiden großen Regie-Stars Guru Dutt und Raj Kapoor, die in ihren wichtigsten Filmen nicht nur als Produzenten und Regisseure, sondern auch als Hauptdarsteller in Erscheinung traten. Sowohl Dutt und Kapoor, als auch Regisseure wie Mehboob Khan und Bimal Roy kreierten eine Art Filme, die man in den Folgejahren kaum mehr in Indien findet.

Oftmals vergleicht man die neorealistisch geprägten Filme der ausgehenden 50er Jahre mit deren italienischen Pendants, wie beispielsweise die von Vittorio de Sica oder des französischen Regisseurs Jean Renoir.

Die großen Hits aus dieser Zeit beinhalten zwar auch Musik- und Tanzeinlagen, beschäftigen sich aber vorrangig mit sozialen Themen, wie den Problemen des „kleinen Mannes" und sie sind häufig von sozialistisch angehauchter Gesellschaftskritik geprägt. Ästhetisch orientierten sich die Regisseure näher am europäischen und amerikanischen Kino, als das in den folgenden Jahrzehnten der Fall ist. Die großen Erfolge dieser Epoche (und bis heute) sind fast durchweg Melodramen.

Interessant ist im Gegenzug, dass man in dieser Zeit auch außerhalb Indiens das erste Mal aufmerksam auf die Filmindustrie des Landes wird.

Awara (Raj Kapoor, 1951)
Do Bigha Zameen (Bimal Roy, 1953)
Shri 420 (Raj Kapoor, 1955)
Devdas (Bimal Roy, 1956)
Mother India (Mehboob Khan, 1957)
Pyaasa (Guru Dutt, 1957)
Madhumati (Bimal Roy, 1958)
Kaagaz Ke Phool (Guru Dutt, 1959)
Jis Desh Mein Ganga Behti Hai (Radhu Karmakar, 1960)
Mughal-e-Azam (K. Asif, 1960)
Junglee (Subodh Mukherjee, 1961)
Sahib Bibi Aur Ghulam (Abrar Alvi, 1962)
Bandini (Bimal Roy, 1963)
Dosti (Satyen Bose, 1964)

Mujhko yeh narak nā chāhiye;
mujhko phūl, mujhko gīt, mujhko prīt chāhiye.
mir dieser Hölle nicht wollend mir Blumen mir Lieder mir Liebe(w) wollend
Ich möchte diese Hölle nicht;
ich will (lieber) Blumen, Lieder und Liebe.

Aur mat pīyo Devdas. Itnā zyādā bardāsht nā kar sakoge!
mehr nicht trink-! D. so-viel zu-viel Durchhalten(w) nicht machen(-) können-wirst
Trinke nicht weiter, Devdas, so viel verträgst du nicht!

Kaun kambakht bardāsht karne ke liye pītā hai?
wer Unglücklicher Durchhalten(w) machen von für trinken ist
Welcher Unglückliche trinkt schon, um zu ertragen?

Mitte der 60er Jahre entstanden die ersten Technicolorlabore in Indien, und dadurch erfuhr der Film einen echten Boom. Nun entsteht langsam die typische indische Entwicklung in Richtung des bunten Multi-Genre-Films, bei dem die ausländischen Einflüsse mit denen der altindischen Mythologie und der Theaterkultur vermischt werden. Das Hindikino wird zunehmend erfolgreicher und nimmt langsam aber sicher die Führungsrolle unter den heimischen Filmindustrien ein.

Hier sei noch die Entwicklung eines künstlerisch äußerst anspruchsvollen Parallelkinos in Westbengalen erwähnt. Zwar zählt man den Hauptfilmschaffenden dieser Sparte Satyajit Ray streng genommen nicht zu Bollywood, aber seine Apu-Trilogie **(Pather Panchali, Aparajito** *und* **Apur Sansar)** *gehören zum Verständnis des indischen Films unbedingt dazu.*

Sangam (Raj Kapoor, 1964)
Guide (Vijay Anand, 1966)
Teesri Kasam (Basu Bhattacharya, 1966)
Milan (A. Subda Rao, 1967)
Aradhana (Shakti Samanta, 1969)
Do Raaste (Raj Khosla, 1969)

Amitabh & die 70er / Anfang 80er Jahre

Die 70er Jahre waren in Indien von politischer Instabilität und wirtschaftlichen Problemen gekennzeichnet. Die Euphorie der Zeit nach der Unabhängigkeit war nun endgültig verblasst, und die Menschen mussten mit unsagbaren Schwierigkeiten fertig werden, fanden dabei aber nicht die erhoffte Unterstützung von Seiten der Regierung. Man brauchte den Film als Ablenkung und Unterhaltungsmedium, wollte aber nicht länger mit Melodramen konfrontiert werden, denn davon hatte man selbst genug. Echte Helden mussten her!

Kein anderer als der junge Amitabh Bachchan wäre dafür besser geeignet gewesen. Er ist noch heute ohne Zweifel eine lebende Legende, denn er verkörpert eine Zeit, in der sich Bollywood – bei riesigen Publikumserfolgen und gewaltig zunehmenden Produktionszahlen – zusehends in Richtung des noch heute so populären Masala-Movies entwickelte. Zwar mag diese filmische Entwicklung weg von den epigonalen und neorealistischen Werken der 50er und 60er Jahre für westliche Cineasten einen künstlerischen Rückschritt darstellen; für die meisten Inder dagegen verkörpern die 70er Jahre die Spitzenzeit des Hindifilms. Der Masala-Movie ist u. a. deshalb so erfolgreich, weil er stets allen Schichten etwas verspricht. Trotzdem verschwindet heute langsam zu Gunsten der westlich geprägten Spartenfilme.

Der bereits angesprochene Masala-Movie (von Hindi **masālā** = *Gewürz) ist eines der originärsten Produkte der indischen Filmindustrie, denn er vermischt verschiedene filmische Geschmacksrichtungen auf eine faszinierende Weise miteinander. Der Wechsel von albernster Komik zu tiefster Tragik kann sich von einer auf die nächste Szene vollziehen.*

1976 kommt **„Big B's“** *Sohn* **Abhishek** *auf die Welt, der mittlerweile ebenfalls als erfolgreicher Filmstar tätig ist*

Der Aufstieg Amitabh Bachchans erfolgte rasch. Mit Filmen wie **Zanjeer** (1973), **Majboor** (1974) und **Deewar** (1975) kultivierte er unter dem Rollennamen „Vijay" das Image des jungen Rowdies. Vijay verkörperte einen Mann, der durch Unterdrückung in die Offensive getrieben wird. Millionen Inder identifizierten sich sowohl mit der Wut wie auch mit dem Idealismus dieser Person. Dadurch wurde Amitabh ein Phänomen des indischen Films und zog Massen in die Kinos, egal welche Qualität seine Filme hatten. Hochkarätige Unterhaltung mit Amitabh bieten außerdem:

Anand *ist die Geschichte zweier Freunde, von denen einer sterbenskrank ist. Der Film ist so etwas wie ein Drehpunkt in der Geschichte Bollywoods, denn hier löst Amitabh Bachchan seinen „Vorgänger", den hervorragenden Rajesh Khanna, als Superstar gewissermaßen ab.*

Anand (Hrishikesh Mukherjee, 1971) noch äußerst pessimistisch
Reshma Aur Shera (Sunil Dutt, 1971) eine Liebesgeschichte
Abhimaan (Hrishikesh Mukherjee, 1973) ein Film über das männliche Ego
Sholay (Ramesh Sippy, 1975) Currywestern; der beliebteste Bollywoodfilm aller Zeiten
Amar, Akbar, Anthony (Manmohan Desai, 1977) hinreißend durchgeknallt
Shakti (Ramesh Sippy, 1982) der schauspielerisch vielleicht anspruchvollste Film Amitabhs

Maiñ soctā hūñ ki „Shakti" beshak Amitābh kī sab se acchī film hai.
ich denken(m) bin dass „Shakti" zweifellos Amitabh von alle aus gute Film(w) ist
Ich denke, dass „Shakti" ohne Zweifel Amitabhs bester Film ist.

Hier ein paar berühmte Aussprüche aus Amitabhs Filmen. In Indien kennt diese Sprüche jeder, und man macht einen Mordseindruck, wenn man die mal so nebenbei einfließen lässt:

coolie = *Kuli, Gepäckträger*
Beedies *sind die aus Tabakblättern gedrehten Zigaretten des „armen Mannes".*

Bāzū par hai sāt sau chiyāsī kā billā, bīs nambar kā bīḍī pītā hūñ, kām kartā hūñ coolie kā, aur nām hai Iqbāl.
Arm auf ist 786 von Abzeichen, 20 Nummer von Beedie rauche bin, Arbeit mache bin Kuli von und Name ist Iqbal
Auf meinem Arm steht meine Dienstnummer 786, ich rauche Beedies der Marke 20, arbeite als Kuli und mein Name ist Iqbal.

Aisā to ādmī life meñ do hī time bhāgtā hai. Olympic kā race ho, yā police kā case ho. Tum kis liye bhāgtā hai bhāī?
so doch Mann „Leben" in zwei also „Mal" weglaufen ist olympisch von „Rennen" sei oder Polizei von „Fall" sei du was(g) für weglaufen ist Bruder
Ein Mann läuft in seinem Leben bei zwei Dingen davon. Entweder bei einem olympischen Rennen oder vor der Polizei. Vor was läufst du davon, Bruder?

Zindagī kā tambū tīn bambūoñ pe khaḍā hai.
Leben von Zelt(m) drei Bambusrohre(g) auf gebaut ist
Das Zelt des Lebens steht auf drei Bambuspfeilern.

Har kutte kā din ātā hai.
jeder Hund(g) von Tag kommen ist
Jeder Hund hat mal seinen Tag.

Bacpan se hai sar par Allāh kā hāth, aur Allāh rakhā hai mere sāth.
Kindheit von ist Kopf auf Allah von Hand(m) und Allah blieb ist meine mit
Seit meiner Kindheit hält Allah seine Hand über mich und steht mir stets zur Seite.

Kamal Amrohi formte bis in die 70er Jahre hinein das poetisch beeinflusste Urdu-Kino, das zu den wilden neuen Produktionen aus dieser Zeit im krassen Gegensatz stand.

Aber natürlich hat nicht nur Amitabh diese Epoche geprägt. Andere sehenswerte Filme der 70er und 80er Jahre sind unter anderem:

Anand (Hrishikesh Mukherjee, 1970)
Mera Naam Joker (Raj Kapoor, 1970)
Amar Prem (Shakti Samanta, 1971)
Pakeezah (Kamal Amrohi, 1971)
Seeta aur Geeta (Ramesh Sippy, 1972)
Abhimaan (Hrishikesh Mukherjee, 1973)
Yaadon Ki Baaraat (Yaadon Ki Baaraat, 1973)
Ankur (Shyam Benegal, 1974)
Mausam (Gulzar, 1976)
Kabhi Kabhie (Yash Chopra, 1976)
Silsila (Yash Chopra, 1981)
Umrao Jaan (Muzaffar Ali, 1981)
Coolie (Manmohan Desai, 1983)
Jaane Bhi Do Yaaro (Kundan Shah, 1983)

In **Pakeezah** *geht es um eine Kurtisane* **(tavāif).** *Prostitution war aber auch vorher schon ein Thema in Bollywood, wie z. B. in dem hervorragenden Film* **Khilona** (Chandar Vohra, 1970), *der die Beziehung eines leichten Mädchens mit einem Verrückten beschreibt.*

Besonders bekannt ist der folgende Dialog aus **Pakeezah**:

Dūdh kā jalā huā chās bhī
phūṅk phūṅk ke pītā hai.
Milch von verbrannt wurde Buttermilch(w) auch blas(-) blas(-) machend trinken ist
Nachdem man sich die Zunge an heißer Milch verbrannt hat, pustet man auch in Buttermilch, bevor man sie trinkt.

Afsos, log dūdh se bhī jal jāte haiñ.
leider Leute Milch von auch verbrennen(-) gehen sind
Leider verbrennen sich Leute auch an Milch.

Kommerzialisierung ab Mitte der 80er Jahre

Ab Mitte der 80er Jahre setzt sich das Fernsehen in ganz Indien als ernst zu nehmende Konkurrenz zum Kino durch. Zugleich wird aber der Film zusehends kommerzialisiert und die Produktionszahlen steigen rasant. Kein Wunder, dass dabei der Anteil an belanglosem Trash ebenfalls immer größer wird. Den meisten Streifen aus dieser Zeit mangelt es sowohl an neuen Stories – dagewesene Geschichten, ja sogar Dialoge werden skrupellos kopiert – , als auch an neuen Helden, und so erstaunt es nicht, dass man diese Ära als den absoluten künstlerischen Tiefpunkt in der Geschichte des indischen Kommerzfilms bezeichnet.

Einige wenige sehenswerte Ausnahmen sind:

Ghulami (J. P. Dutta, 1985)
Ram Teri Ganga Maili (Raj Kapoor, 1985) einer der letzten großen Erfolge Raj Kapoors
Ijaazat (Gulzar, 1987) ein poetischer Film
Mr India (Shekhar Kapur, 1987) Komödie
Qayamat Se Qayamat Tak (Mansoor Khan, 1988) die Geschichte einer verbotenen Liebe
Lamhe (Yash Chopsra, 1991) ein lyrischer Film

Nahīñ, tum jhūṭh bol rahe ho aisā nahīñ ho saktā, keh do ki yeh jhūṭh hai!
nein du Lüge sprechen(-) blieb bist so nicht sein(-) können sagen(-) gib-! dass dieser Lüge ist
Nein! Du lügst. Das kann nicht sein. Sag, dass das eine Lüge ist!

Anfang der 90er Jahre findet außerdem langsam das romantische Musical Anklang unter den Zuschauern. In Filmen wie **Jo Jeeta Wohi Sikandar** (Mansoor Khan, 1992) oder **Maine Pyar Kiya** (Sooraj Barjatya, 1989) steht die Musik im Vordergrund und in **Darr** (Yash Chopra, 1993) kann man erkennen, dass die Mode der Stars als Erfolgsrezept immer wichtiger wird.

Im Gegensatz dazu sind die 80er Jahre auch die Epoche, in der die Trennung zwischen Kommerzkino und Parallelkino wohl am auffälligsten ist. Einige Regisseure entfernen sich ganz gewollt von dem, was den Massen gefällt und produzieren Filme, die nachdenklich machen sollen. Zu den eindrucksvollsten Werken des Parallelkinos aus dieser Zeit gehören:

Mira Nair *(1957) - oft als „Enfant Terrible" des indischen Films verschrieben - steht besonders für sozialkritische Filme. 2007 erscheint von ihr* **Shantaram** *mit* Johnny Depp *in der Hauptrolle*

Aakrosh (Govind Nihalani, 1980)
Chakra (Rabindra Dharmaraj, 1981)
Bazaar (Sagar Sarhadi, 1982)
Arth (Mahesh Bhatt, 1983)
Saaransh (Mahesh Bhatt, 1984)
Ankush (N. Chandra, 1985)
Mirch Masala (Ketan Mehta, 1985)
Paar (Gautam Ghose, 1985)
Ek Pal (Kalpana Lajmi, 1986)
Salaam Bombay! (Mira Nair, 1988).

Der neue Film (1994 bis heute)

Und dann passiert es ... und in Indiens Filmindustrie sollte nichts so bleiben, wie es vorher war. Das Jahr 1994 und der von Sooraj Barjatya gedrehte Film **Hum Aapke Hain Koun** mit Salman Khan und Madhuri Dixit in den Hauptrollen ändert einfach alles. Die Heldenfigur wandelt sich vom „Angry Young Man" zu einem gut aussehenden und sympathischen jungen Mann, der sich verlieben kann und Gefühle zeigt. Eine traditionell indische Phantasiewelt wird erschaffen und all das schlägt ein wie eine Bombe – und schon war die alte Größe Bollywoods wieder hergestellt. Ab jetzt waren die Filme schneller, bunter und aufwändiger – aber auch teurer – als jemals zuvor. Dafür geht es zurück zu den alten Werten der Mythologie, also dem Sieg des Guten über das Böse und vor allem der Unterstreichung der eigenen nationalen Werte.

Hum Aapke Hain Koun *ist einer der drei erfolgreichsten Filme der indischen Filmgeschichte (die anderen beiden sind* **Sholay** *und* **Mother India***).*

Bereits im nächsten Jahr folgt ein weiterer Meilenstein mit **Dilwale Dulhaniya Le Jayenge** (Aditya Chopra, 1995), denn hier werden zum ersten Mal die vor allem in den USA und Großbritannien lebenden wohlhabenden NRIs (Non-Resident Indians) und die wachsende Mittelschicht der Großstädte angesprochen. Mit diesen beiden Werken ist das geboren, was man in Hollywood als „feel-good mass-oriented pop-entertainment" nennt und was bis dato in der Filmwelt Bollywoods vorherrscht.

Dilwale Dulhaniya Le Jayenge *wurde auch außerhalb Indiens ein rasender Kassenschlager. Der Film handelt von* Raj *(*Shah Rukh Khan*), der seiner großen Liebe* Simran *(*Kajol*) von England in den Punjab folgt, und dabei nicht nur reichlich Romantik erfährt, sondern auch die eigenen Wurzeln wieder findet.*

Mujhe to koī ek laḍkī pasand ā hī nahīñ saktī hai ...
mir doch jemand eins Mädchen gefallen kommen(-) so nicht können(w) ist
Mir kann doch kein (anderes) Mädchen gefallen ...

Ab kisī kī āṅkheñ acchī haiñ, to kisī kī nāk acchī hai, kisī ke hoṇṭh acche haiñ, kisī ke kān acche haiñ.
jetzt irgendjemand(g) von Augen gut(w) sind doch irgendjemand(g) von Nase(w) gut(w) ist irgendjemand(g) von Lippen gut(Mz) sind irgendjemand(g) von Ohren gut(Mz) sind
Jemand hat schöne Augen, ein anderer eine schöne Nase, jemand schöne Lippen und wieder ein anderer schöne Ohren.

Āp bhi kamāl kartī haiñ māñ, abhī abhī to āpne mujhe beṭā bolā, aur ek hī pal meñ parāyā kar diyā ...
Sie auch Wunder machen sind Mutter jetzt jetzt doch Sie-durch mir Sohn gesprochen und eins so Moment in Fremder machen(-) gegeben
In etwa: Du bist seltsam, Mutter, in einem Moment nennst du mich „Sohn" und kurz darauf tust du so, als wäre ich ein Fremder ...

Dil To Pagal Hai *war durch seine einfache Sprache auch in nicht mehrheitlich hindi-sprachigen Regionen Indiens ein voller Erfolg.*

Es folgen viele weitere romantische Filme:

Dil To Pagal Hai (Yash Chopra, 1997)
Kuch Kuch Hota Hai (Karan Johar, 1998)
Hum Dil De Chuke Sanam (Sanjay Leela Bhansali, 1999)
Kabhi Khushi Khabie Gham (Karan Johar, 2000)
Kaho Na ... Pyar Hai (Rakesh Roshan, 2000)

Filmisch interessant ist, dass – vielleicht ausgelöst durch das NRI Zielpublikum – zusehends der Masala-Film, der stets allen Schichten etwas versprach, auszusterben droht. Immer öfter lassen sich die neuen Blockbuster in westlich geprägte Sparten einteilen und auch filmtechnisch erfüllt das Kommerzkino nun meist westliche Standards. Zudem werden die Choreographien und die Musik immer aufwändiger.

Mar gayā Rāhul ...	**Rāhul ... nām to sunā hogā?**
sterben(-) ging Rahul	*Rahul Name doch gehört sein-wird*
Rahul ist gestorben ...	Rahul ... wird man seinen Namen noch hören?

Hier ein berühmter Satz Shah Rukh Khans zu Kajol in **Kabhi Khushi Kabhie Gham:**

Hello jī, mujhse dostī karoge?
hallo Seele mich-von Freundschaft(w) machen-wirst
Hallo, möchtest du meine Freundin sein?

Aufwändige Remakes von alten Klassikern wie **Devdas** (Sanjay Leela Bhansali, 2002) *werden immer populärer, und auch das Parallelkino verzeichnet ein bis jetzt nicht dagewesenes Wachstum.*

In Filmen wie den im Mafiamilieu spielenden Melodramen von Ram Gopal Varma oder den oftmals aufgrund kultureller und religiöser Unterschiede unmöglichen Liebesgeschichten von Mani Ratnam erhält Bollywood außerdem neue Impulse.

Aber nicht alles sieht so rosig aus in der indischen Filmindustrie, denn durch die enorme Videopiraterie und das aufkommende Satellitenfernsehen leidet das Medium Kino. Ob dies durch die großen Multicineplex-Zentren, die neuerdings in den Großstädten gebaut werden, wieder ausgeglichen wird, bleibt fraglich. Einiges wird sich aber auch in Zukunft in Bollywood tun, das ist sicher!

Die Umgangssprache Mumbais

Übrigens ist die offizielle Sprache Mumbais nicht Hindi, sondern Marathi. Dadurch, dass ein Großteil der Bevölkerung der Stadt nicht aus dem Bundesstaat Maharashtra – dessen Hauptstadt Mumbai ist – kommt und andere Muttersprachen spricht, wurde Hindi zur Lingua franca.

Am Anfang dieses Buches wurde bereits erwähnt, dass in vielen Bollywoodfilmen Ausdrücke verwendet werden, die der Umgangssprache Mumbais entspringen und die nicht unbedingt zum Wortschatz des klassischen Hindi gehören. Dieses Bambaiyya Hindi ist eine vereinfachte Form des Hindi, die nicht sehr viel Wert auf richtige Grammatik legt und verhältnismäßig flexibel darin ist, Worte und Begriffe aus anderen Sprachen, wie Englisch, Portugiesisch, Marathi, Gujarati oder Tamil und Telugu zu übernehmen. Da die meisten Ausdrücke des Bambaiyya Hindi nicht in Wörterbüchern zu finden sind, führen wir einige wichtige Sätze an, die man immer wieder in Filmen hören kann.

Kaṭ to kaṭ bāt karne kā!
schneiden(-) doch schneiden(-) Wort(w) machen(g) von
Fass dich kurz!

Time khoṭī mat kar!
„Zeit" falsch nicht mach!
Verschwende keine Zeit!

Zyādā rāg mat de!
zu-viel Leidenschaft nicht gib!
Hör auf zu bluffen!

Rādā ho gayā!
großes-Problem sein(-) ging
Es gibt ein Riesenproblem!

Zyādā load nahīṅ lene kā kyā?
zu-viel „Ladung" nicht nehmen(g) von was
Mach dir nicht so viel draus! (Halb so schlimm!)

Are yār, haṭā sāvan kī ghaṭā!
hey Freund wegnehme! Regenmonat von Wolke(w)
Hey Mann, das ist mir ziemlich egal!

Im Bambaiyya Hindi ist die übliche Anrede **tū** und man betitelt sich mit Ausdrücken wie **yār** (Freund), **bhidū** (Kumpel), **bhāī** (Bruder), **boss** (Chef) oder abfällig mit **sālā** (Schwager). Typisch für die Umgangssprache sind des weiteren die Worte **are** und **abe**, die beide etwa „hey!" oder „Mann!" bedeuten.

Are yār, tū kidhar hai?
hey Freund du wohin bist
Hey Mann, wo bist du denn?

Kāyko? Tere ko kyā maṅgtā hai?
warum dein(g) zu was bitten ist
Warum? Was willst du denn?

Ekdam hill jāyegā tū!
sofort „Hügel" kommen-wird du
Du wirst überrascht sein!

Grammatikalisch nicht ganz richtig ersetzt man in der Umgangssprache **mujhko** *und* **tujhko** *oft durch* **mere ko** *und* **tere ko**. *Sehen Sie dazu die Grammatik.*

Für „ich“ benutzt man im Bambaiyya Hindi das aus dem Marathi entlehnte **āpaṇ.** *Ali Baug ist ein Fischerdorf südlich von Mumbai.*

Tū shendī mat lagā mere ko!
du Dummkopf nicht anwende! mein(g) zu
Halte mich nicht zum Narren!

Bas! Āpaṇ kyā Alī Bāg se nahīñ āyā ...
es-reicht ich was A. B. von nicht kam
Das reicht! Ich komme doch nicht aus Ali Baug ...
(= ich bin doch nicht total bescheuert!)

Filme, in denen besonders viel Bambaiyya Hindi und Tapori gesprochen werden, sind **Munna Bhai M.B.B.S.** *(2003) und* **Lage Raho Munna Bhai** *(2006), beide von* Rajkumar Hirani.

Are kuch galat family ho gayī!
hey etwas falsch „Familie” sein(-) ging(w)
He, es handelt sich um ein Missverständnis!

Gerade unter Freunden ist eine etwas abfällige Sprache üblich.

Kyā zakās item hai yār!!
was spitzenmäßig „Artikel” ist Freund
Mann oh Mann, was für ein super Mädel!!

Eh ḍhakkan dūñ kyā kharcā pānī?
eh Dummkopf geben-soll was Ausgabe Wasser
He du Vollidiot, soll ich dir eine reinhauen?

Der Ausdruck **kharcā pānī** ist geradezu einer der typischsten des Bombay-Slangs. Er bezeichnet einerseits das „Verprügeln“, andererseits heißt auch „Bestechungsgeld“ so. In Filmen kann ein Polizist schon mal mit **thoṛā kharcā pānī do!** („geben Sie mir ein bisschen Geld!“) darauf aufmerksam machen, dass er nicht umsonst arbeitet ...

Merī vāṭ lag gayī.
mein Schwierigkeit(w) fühlen(-) ging
Ich bin in großen Schwierigkeiten.

Zyādā pakā mat be tū!
zu-viel gekocht nicht ohne du
Geh mir nicht auf die Nerven!

Dimāg kā dahī mat banā!
Gehirn von Buttermilch nicht mach
Nerv mich nicht!

Hier einige weitere Wörter, Beschimpfungen und Begriffe aus dem Bambaiyya Hindi und – dem „Tapori" genannten – Gaunerslang Mumbais:

*Die folgenden Begriffe sind natürlich nicht für den Gebrauch gedacht, denn die meisten – vor allem die mit * gekennzeichneten – sind äußerst beleidigend. In Filmen kann man sie jedoch gelegentlich hören und sollte sie zumindest verstehen.*

atraṅgī	komisch, außergewöhnlich
bahen cod	Schwesterficker*
bakvās	Blödsinn, Nonsens
bevṛā	Besoffener, Drink (alkohol.)
bhadvā	Zuhälter*
bindās	frech, großschnäuzig
caras	Marihuana
carasī	Marihuana-Raucher, Kiffer
caylā	Vollidiot*
choṭe!, ramu!	Kleiner!
codnā	ficken*
cūt (w)	Fotze*
cūtiyā	Arschloch*
dam	Zigarette, Kippe, Joint
ḍeṛh dimāg	Klugscheißer*

auch: kriminell

caylā: *auch als Pausenfüller benutzt*
choṭe!, ramu!: *Anrede für Jungs, die an Teeständen arbeiten*

ḍeṛh fūṭ	Winzling, Zwerg
ḍhakkan	Dummkopf*
faltū	unnötig, Müll
fulto	cool, genial; besoffen
gadhā mazdūrī (w)	Schufterei, harte Arbeit
gāndu	Schwuler, Schwuchtel*
ghoṛā (*eigentlich: Pferd*)	Pistole
harāmzadah	Bastard*
hijṛā	Transsexueller, Eunuch
kaltī!	hau ab!
kuttiyā (w)	Schlampe, Tussi, Nutte*
lavṛā, lund	Penis*
madar cod	Mutterficker*
māl *auch:* **item (ayṭem)**	attraktives Mädchen
māmū	Bulle (Polizist), Transsexueller*
randī	Nutte*
tallī	betrunken*
taporī	Landstreicher, Penner*, auch: Überlebenskünstler
ṭāprī (w)	Straßenstand
zakās	spitzenmäßig, super

J. J., maiñ abhī abhī jail se niklā hūñ!
J. J. ich jetzt jetzt „Gefängnis" von rausgekommen bin
J. J., ich bin gerade aus dem Gefängnis entlassen worden!

Hāñ? Kaho to phir andar bhejvā dūñ?
ja sag doch wieder drinnen schicken(-) geben-soll
Ach ja? Soll ich dich wieder hineinschicken?

Bücher & Webseiten

Bei einer so gewaltigen Filmindustrie wie Bollywood ist man überrascht, wie wenig Material es auf dem Buchmarkt darüber gibt. In Deutschland findet man bis dato nur ein wirklich empfehlenswertes Werk: **Traumfabrik Bollywood – Indisches Mainstream-Kino** von Myriam Alexowitz, erschienen 2003 bei Horlemann, dass neben viel Wissenswertem über Bollywood auch einige Filmkurzbeschreibungen beinhaltet.

Alle hier aufgeführten Bücher sind nicht im Reise Know-How *Verlag erhältlich.*

Einen kleinen, wenn auch feinen Überblick über die sehenswertesten Filme bietet **Bollywood – Die besten Filme & ihre Stars** von Christian Lukas, 2006 bei Heel verlegt.

Wer sich speziell für die Schweiz-Begeisterung des indischen Films interessiert, dem sei **Bollywood – Das indische Kino und die Schweiz** von Alexandra Schneider, 2002 bei der Gva-Vertriebsgemeinschaft erschienen, empfohlen.

Neben diesen Titeln bleiben einem in erster Linie nur Bücher auf Englisch. Unverzichtbar für jeden echten Fan des indischen Kinos ist das große „Lexikon" von Paul Willemen und Ashish Rajadhyaksha mit dem zutreffenden Titel **Encyclopedia of Indian Cinema** (2001), das Biografien und Filmografien zahlreicher Regisseure und Darsteller, ebenso wie Inhaltsangaben zu einer beträchtlichen Anzahl von Filmen, zu bieten hat.

Das wissenschaftliche Standardwerk zum Thema ist **The Cinemas of India** (1896-2000), von Yves Thoraval, verlegt bei Macmillan.

Etwas einfacher zu lesen – aber traumhaft illustriert – sind **Bollywood: Popular Indian Cinema** von Lalit Joshi, Derek Malcolm und Lalit Mohan Josh (Dakini Books Ltd., 2002), sowie **The Essential Guide to Bollywood** von Subhash K. Jha (Roli & Janssen, 2005).

Hier erfährt man auch allerlei Interessantes über Regisseure, Darsteller und Komponisten und es werden Informationen über einige der wichtigsten Filme gegeben.

Als Einführung ins Thema bietet sich auch **Bollywood – a guidebook to popular Hindi cinema** von Tejaswini Ganti (Routledge, 2004) an, in dem sehr kompetent über alle wichtigen historischen Daten und gesellschaftlichen Zusammenhänge informiert wird.

Noch knapper ist das sehr persönliche, aber informative Taschenbuch **Bollywood** von Ashok Banker (Penguin Books, 2001).

Websites

Das Internet ist voll von informativen Seiten zum Thema Bollywood. Zu den wichtigsten indischen Websites, alle auf Englisch, gehören:

All diese Seiten bieten Kritiken, Klatsch, News und Informationen zum indischen Film.

www.bollywoodworld.com
www.bollywoodpremiere.com
www.planetbollywood.com
www.bollywood.com
www.rediff.com
www.upperstall.com

... und viele viele andere.

Auch auf Deutsch findet man bereits eine recht große Menge an informativen Webseiten wie z. B. **www.molodezhnaja.ch/bollywood.htm,** wo Filme besprochen werden und auch sonst eine verblüffende Menge an Erklärungen und Themen zu finden sind.

Mit gleichgesinnten Fans tauscht man sich am besten über **www.bollywood-forum.de** aus.

Filmliste

Anbei eine kleine Auswahl von etwas über 60 Bollywoodfilmen. Hierunter findet man die Klassiker des Hindikinos, sowie einige Highlights des Parallelkinos. Natürlich kann eine solche Liste unmöglich komplett sein, und daher sollte diese Auswahl nur als eine subjektiv erstellte Anregung angesehen werden.

Filmtitel im Original (Regisseur und Jahr)	Deutsche(r) oder Englische(r) Filmtitel (soweit vorhanden)
1942: A Love Story (Vidhu Vinod Chopra, 1994)	
1947 - Earth (Deepa Mehta, 1999)	
Aan (Mehboob Khan, 1952)	Mangala - Indische Liebe und Leidenschaft; Stolz
Amar Prem (Shakti Samanta, 1971)	Unsterbliche Liebe
Amar, Akbar, Anthony (Manmohan Desai, 1977)	
Andaz (Mehboob Khan, 1949)	
Ankur (Shyam Benegal, 1973)	

Awara (Raj Kapoor, 1951)	Der Vagabund (von Bombay)
Bandit Queen (Shekhar Kapoor, 1994)	Phoolan Devi - The Bandit Queen
Barsaat (Raj Kapoor, 1949)	Rain; The Monsoons
Bazaar (Sagar Sarhadi, 1982)	
Black (Sanjay Leela Bhansali, 2005)	
Bobby (Raj Kapoor, 1973)	
Bombay (Mani Ratnam, 1995)	
Deewaar (Yash Chopra, 1975)	Die Mauer
Devdas (Bimal Roy, 1956)	
Devdas (Sanjay Leela Bhansali, 2002)	
Dil Chahta Hai (Farhan Akhtar, 2001)	Das Herz sehnt sich
Dil Se (Mani Ratnam, 1998)	Von ganzem Herzen
Dil To Pagal Hai (Yash Chopra, 1997)	Das Herz ist verrückt
Dilwale Dulhaniya Le Jayenge (Aditya Chopra, 1995)	Das mutige Herz wird die Braut bekommen
Do Bigha Zameen (Bimal Roy, 1953)	Zwei Bighas Land
Fire (Deepa Mehta, 1996)	
Fiza (Khalid Mohammed, 2000)	
Hey Ram! (Kamal Haasan, 2000)	Hey Ram: Augenblicke der Zärtlichkeit
Hum Aapke Hain Koun (Sooraj Barjatya, 1994)	Was bin ich für dich?
Hum Dil De Chuke Sanam (Sanjay Leela Bhansali, 1999)	Ich habe mein Herz verschenkt
Hum Tum (Kunal Kohli, 2004)	Ich & Du - Verrückt nach Liebe
Jagte Raho (Sombhu Mitra und Amit Mitra, 1956)	A Night in the City; Stay Alert! Under Cover of Night;
Kaagaz Ke Phool (Guru Dutt, 1959)	Papierblumen
Kabhi Khushi Khabie Gham (Karan Johar, 2000)	In guten wie in schweren Tagen; In Zeiten des Glücks, in Zeiten der Sorge
Kaho Na ... Pyar Hai (Rakesh Roshan, 2000)	Liebe aus heiterem Himmel; Sag, dass du mich liebst
Kal Ho Naa Ho (Nikhil Advani, 2003)	Lebe und denke nicht an morgen
Khamoshi: The Musical (Sanjay Leela Bhansali, 1996)	Stille

Koi ... Mil Gaya (Rakesh Roshan, 2003)	Sternenkind; Ich habe jemanden gefunden
Kuch Kuch Hota Hai (Karan Johar, 1998)	Hochzeit auf Indisch; Und ganz plötzlich ist es Liebe
Lagaan (Ashutosh Gowarikar, 2001)	Lagaan: Once Upon a Time in India
Madhumati (Bimal Roy, 1958)	
Mahal (Kamal Amrohi, 1949)	
Mera Naam Joker (Raj Kapoor, 1971)	Mein Name ist Joker
Mission Kashmir (Vidhu Vinod Chopra, 2000)	
Mohabbatein (Aditya Chopra, 2000)	Denn meine Liebe ist unsterblich
Monsoon Wedding (Mira Nair, 2001)	
Mother India (Mehboob Khan, 1957)	
Mr. & Mrs. Iyer (Aparna Sen, 2002)	
Mughal-e-Azam (K. Asif, 1960)	The Great Mughal
Pakeezah (Kamal Amrohi, 1971)	Die Reine
Rang de Basanti (Rakesh Omprakash Mehra, 2006)	Die Farbe Safran
Roja (Mani Ratnam, 1994)	
Saathiya (Shaad Ali, 2002)	Saathiya - Sehnsucht nach Dir
Sahib Bibi aur Gulam (Abrar Alvi, 1962)	King, Queen and Slave
Salaam Bombay! (Mira Nair, 1988)	
Sangam (Raj Kapoor, 1964)	Confluence
Sholay (Ramesh Sippy, 1975)	Flammen der Sonne
Shri 420 (Raj Kapoor, 1955)	Mr. 420
Swades (Ashutosh Gowarikar, 2004)	Swades: We, the People; Swades: Our Country
Taal (Subhash Ghai, 1999)	
Teesri Kasam (Basu Bhattacharya, 1966)	Drei Schwüre
Teesri Manzil (Vijay Anand, 1966)	Dritte Etage
Umrao Jaan (Muzaffar Ali, 1981)	
Veer-Zaara (Yash Chopra, 2004)	Veer und Zaara: Die Legende einer Liebe
Yuva (Mani Ratnam, 2004)	
Zanjeer (Prakash Mehra, 1973)	Das Armband
Zubeidaa (Shyam Benegal, 2001)	

Kauderwelsch Sprechführer

für Indien

Bengali
ISBN 978-3-89416-513-0

Gujarati
ISBN 978-3-89416-341-9

Hindi
ISBN 978-3-89416-084-5

Malayalam
ISBN 978-3-89416-357-0

Marathi
ISBN 978-3-89416-467-6

Nepali
ISBN 978-3-89416-064-7

Pandschabi
ISBN 978-3-89416-575-8

Sanskrit
ISBN 978-3-89416-475-1

Singhalesisch
ISBN 978-3-89416-287-0

Tamil
ISBN 978-3-89416-011-1

Urdu
ISBN 978-3-89416-301-3

Englisch für Indien
ISBN 978-3-89416-573-4

REISE KNOW-HOW Verlag, Bielefeld

Indien

Die fundierten Reiseführer
von **Reise Know-How** für
individuelles Reisen:

Martin & Thomas Barkemeier
Indien – der Norden
936 Seiten, reich illustriert, viele Fotos,
Karten und Pläne, € 25,00 [D]

Martin & Thomas Barkemeier
Indien – der Süden
792 Seiten, reich illustriert, viele Fotos,
Karten und Pläne, € 25,00 [D]

Martin und Thomas Barkemeier
Kerala
mit Mumbai und Madurei
360 Seiten, reich illustriert, viele Fotos,
Karten und Pläne, € 17,50 [D]

Martin & Thomas Barkemeier
Rajasthan, Delhi, Agra
492 Seiten, reich illustriert, viele Fotos,
Karten und Pläne, € 19,90 [D]

Jutta Mattausch
Ladakh und Zanskar
480 Seiten, reich illustriert, viele Fotos,
Karten und Pläne, € 23,50 [D]

Reise Know-How Verlag, Bielefeld

Wörterliste Hindi – Deutsch

In der folgenden Liste sind knapp 1000 Wörter aufgeführt, die einerseits einen gewissen Grundwortschatz darstellen, andererseits aber auch Begriffe aus dem Filmwesen, sowie solche, die man benötigt, um Filmtitel zu verstehen. Das Geschlecht wird nur bei weiblichen Hauptwörtern durch ein (w) gekennzeichnet. Alle anderen sind folglich männlich. Intransitive Tätigkeitswörter werden mit (it) gekennzeichnet. Alle anderen sind folglich transitiv. Hauptwörter werden immer nur in der Einzahlform angeführt. Nur wenn sich die Mehrzahlform grundsätzlich verändert, wird diese auch angegeben.

Beachten Sie, dass die Umschrift der Filmtitel oftmals nicht 100% der dieses Buches entspricht. Speziell Wörter, die in der englischen Umschrift mit **ch**, **chh** *bzw.* **gh** *beginnen, finden sich in dieser Wörterliste möglicherweise unter* **c**, **ch** *bzw.* **g**. *Bedenken Sie auch, dass Wörter, die in der Umschrift mit* **k** *beginnen, auch unter* **q** *stehen können:* **kismet / qismat** *(Schicksal).*

A

ab, abhī jetzt
abhimān (w) Stolz
abhinetā Schauspieler
abhinetrī (w) Schauspielerin
acchā gut
achūt unberührbar
ādar Respekt
ādhā Hälfte
ādmī Mann
āg (w) Feuer
agar ob, wenn, falls
aglā nächster
āgman Ankunft
ahistā langsam
aisā so
āj heute
ajīb merkwürdig
ākāsh Himmel
akelā allein
akhbār Zeitung
ākhirī letzte (-r)
ākrosh Zorn
aksar oft
ālekh Drehbuch
ālekhak Drehbuchautor
allāh Gott (unter Moslems)
almārī (w) Schrank
amar unsterblich, ewig
amīr reich
ān (w) Würde, Stolz
ānā kommen
ānand Freude
aṇḍā Ei
andar jānā einsteigen, eintreten
andāz (grobe) Schätzung, Vermutung
andhī (w) Sturm
aṅgrez Engländer
aṅgrezī englisch
āṅkh (w) Auge

aṅkur Keim, Spross
aṅkush Hemmung, Spott
anmol unbezahlbar (a. im übertrag. Sinne)
anokhā noch nie da gewesen
ant Ende
antarrāṣṭrīy international
anubhav Erfahrung
āo! komm her!
āp ihr, Sie
apaharaṇ Entführung
aprādhī honā schuldig sein
ārādhanā (w) Verehrung (religiös)
ārām Ruhe
ārām karnā sich ausruhen, erholen
ārāmdeh gemütlich
arth Bedeutung, Geld
asambhav unmöglich
āsān einfach, leicht (Aufgabe)
āshā (w) Hoffnung
āshīrvād Segen
āsmān Himmel
aspatāl Krankenhaus
astitva Existenz, Existenzialismus
āsṭriyā Österreich
āsṭriyan Österreicher
atithi Gast
aur und, mehr
aur acchā besser
aur ek bār wieder
aurat (w) Frau
āvārā Vagabund
āvāz (w) Stimme
āviṣkār Erfindung
āzād frei
āzādī (w) Freiheit

B

baccā Kind
bad schlecht
badalnā umtauschen, wechseln
bādshāh König
badshakal hässlich
bāg Garten
bāgbān Gärtner
bāhar außen, Ausgang
bahen (w) Schwester
bahut viel
baig Tüte
baiṅk Bank
baiṭhnā (it) sich setzen, sitzen
bakhshīsh Trinkgeld
bāl Haar
balī stark
balki sogar
bālū Sand
banānā bauen, machen, werden
band geschlossen
band karnā schließen
bandar (-**gāh**) (w) Hafen
bandīnī (w) Gefangene
bāp Vater
bār (w) Mal
baṛā groß
baras Jahr
barāt (w) Hochzeit, Hochzeitsprozession
barf (w) Eis (-würfel)
baṛhiyā ausgezeichnet
baṛī muddat se (seit) lange (-r) Zeit
bārish (w):
bārish ho rahī hai Regen: es regnet
barsāt (w) Regenzeit
bas (w) Bus
bas! genug!
basant Frühling
bāt (w) Gespräch, Sache
bāt karnā reden
batānā erzählen, sagen
bāyāñ links
bāzār Bazar, Markt
bāzī (w) Wettkampf, Spiel
bāzīgar Jongleur
becnā verkaufen
bedilcasp langweilig
begunāh honā unschuldig sein
behn (w) Schwester
bemisāl beispiellos
beṭā Sohn
beṭī (w) Tochter
bevafā untreu
bhāgnā (it) laufen, rennen

bhagvān Gott (unter Hindus)
bhāī Bruder
bharā voll
bhārat Indien
bhāratiy indisch
bhārī schwer (n. leicht - Gewicht)
bhāṣā (w) Sprache
bhavnā (w) Gefühl, Emotion
bhejnā schicken, senden
bhī auch
bhūk (w) Hunger
bhūlnā (it) vergessen
bhūmikā (w) Rolle (in Film, Theater etc.)
bhūrā braun
bīc meñ zwischen
bidāī (w) Abreise
bīghā Bigha (Längenmaß für Land)
bijlī Strom
bil Quittung
bilkul ganz
bīmā Versicherung
bīmār krank
bīmārī (w) Krankheit
bistar Bett
bīvī (w) Ehefrau
bolnā sprechen
boṭal, botal (w) Flasche
brahmacārī religiöser Student
bukhār Fieber
būṛhā alt (Personen)

C

cābī (w) Schlüssel
cācā Onkel (väterl.)
cācī (w) Tante (väterl.)
cāhnā wollen
cakr Rad
calbāz Schwindler
calcitr Film
calcitr banānā Film drehen
calnā (it) abfahren, fahren
calo! los!
camelī (w) Jasmin
camṛā Leder
cāndī (w) Silber
candr Mond
cāqū Messer
cashmā Brille
cāy (w) Tee
chātā Regenschirm,
chātī (w) Brust (-korb)
chātr Student
chāyā Schatten
choṛnā verlassen
choṭā klein, kurz, niedrig
choṭīsī bāt kleines Wort, Kleinigkeit (etw. unwichtiges)
chuṭṭiyāñ (w) Ferien, Urlaub
cillānā rufen, schreien
ciṛiyā (w) Vogel
ciṭṭhī (w) Brief
cīz (w) Ding, Sache
cor Dieb
corī (w) Diebstahl
corī corī heimlich
corī karnā stehlen
coṛnā lassen
coṭ (w) Wunde
cūhā Maus
cuknā Verb (z. B. **dil de cuknā**) aufhören, abschließen (z. B. aufhören das Herz zu schenken)
cummā Kuss
cūmnā küssen
cupke cupke leise

D

dādā Großvater (väterl.)
dādī (w) Großmutter (väterl.)
daftar Büro
dāg Makel, Fleck
dāhinān̄ rechts
ḍāk (w) Post
ḍakait Räuber, Bandit
ḍākkhānā Postamt
dakshiṇ Süden
ḍākṭar Arzt
dām Preis
ḍar Angst
dard Schmerz
dāṛhī (w) Bart
darvāzā Tür
dastak (w) Türklopfen
dastakhat Unterschrift
dastakhat karnā unterschreiben

dauṛnā (it) laufen, rennen
davā (w) Medikament
dāvat (w) Einladung
dāyrā Einflusssphäre
dehāt Land (nicht Stadt)
dekhnā (an-) schauen, sehen
denā geben
der (w) Verspätung
der se spät
der se ānā verspäten, sich
desh Land, Staat
dev Gott (unter Hindus)
dhanyavād danke
dharm Religion
dhīre dhīre langsam
dhonā waschen
dhūl (w) Staub
dhūm Aufruhr, Lärm
dhvani prabhāv Soundeffects
dikhānā zeigen
dil Herz
dilcasp interessant
dilcaspī lenā sich interessieren
din Tag
divānā verrückt
dīvār (w) Mauer, Wand
dohrānā wiederholen
donoñ beide
dopahar Mittag
dopahar kā khānā Mittagessen
dopahar ke bād Nachmittag
dopahar se pehle Vormittag
dost (m + w) Freund (-in)
dostī (w) Freundschaft
ḍrāivar Chauffeur
drashya Szene (im Film)
drohkāl Zeit der Feindschaft
dubhāṣiyā Dolmetscher
dūdh Milch
dukān (w) Geschäft, Laden
dūlhā Bräutigam
dulhan (w) Braut
dūr fern, lang, weit
dusrā andere

E/F

ehsāsāt Gefühl
ek ein, eine (-r), eins
ek bār einmal
ek bār phir noch einmal
ekṭar Schauspieler
fan Kunst
fankār Künstler
faraṅgī Europäer
fauran sofort
film (w) Film
filmī filmisch, außergewöhnlich
filmī sitāre Filmstar
filmkār Produzent
fizā (w) Atmosphäre
fon Telefon
fon karnā telefonieren

G

galat falsch
gam Trauer, Sorge
gamgīn traurig
gānā Lied, singen
gandā schmutzig
gānevālā Sänger
gānevālī (w) Sängerin
gāñv Dorf (Ortschaft)
garam heiß, warm
garbhvatī schwanger
gāṛī (w) Auto, Wagen
garīb arm
garmī (w) Sommer, Hitze
gāy (w) Kuh
gāyak Sänger
gāyikā (w) Sängerin
ghanṭā Stunde
ghar Haus
ghaṛī (w) Uhr
ghās (w) Gras
ghāv Wunde
ghāyal verletzt
gīlā nass
gīt Lied
glās Glas (Trink-)
golmāl Chaos, Konfusion
gorā weiß (Haut)

gosht Fleisch
guḍḍī (w) Puppe
gulābī rosa, pink
gulām Sklave
gulāmī Versklavung
gumrāh vom (richtigen) Weg abgekommen
gunāh Schuld
gusalkhānā Badezimmer, Toilette
gussā Wut

H

haftā Woche
halkā leicht (Gewicht)
ham wir
hamesha immer
hāmlā schwanger
hāñ ja
hañsnā lachen
haqīqat (w) Wahrheit
har jeder
har bār jedes Mal
har jagah meñ überall
har roz täglich, jeden Tag
harā grün
hasīnā schöne Frau
hāth Hand
hathiyār Waffe
havā (w) Luft, Wind
havāī aḍḍā Flughafen
havāī jahāz Flugzeug
heroīn (w) Heldin
hī so
hindī (w) Hindi
hindū Hindu, hinduistisch
hindustān Indien
hindustānī indisch
hīro Held
hisāb Rechnung
hisāb lagānā rechnen
ho sei, möge es geben
ho jānā (it) werden
honā sein
hoshiyār intelligent

I/J

ijāzat (w) Erlaubnis
ijāzat denā erlauben
imārat (w) Gebäude
inḍyā Indien
iṅglish englisch
insān Mensch, Person
intazār karnā warten
is ke nīche unten, darunter
is liye darum, deshalb
is vaqt se seit
ishq Liebe
istemāl karnā benutzen
ittefāq Verschwörung
izzat (w) Respekt
jab als (zeitl.), wenn
jabki während
jagah (w) Ort, Platz, Stelle
jagānā wecken
jahāz Schiff
jāl Netz, Fälschung
jaldī bald, früh, schnell
jaldī se eilig
jalnā (it) brennen
jamāat (w) Gruppe
jānā (it) gehen, weggehen
janāb Herr
jaṅg (w) Krieg
jaṅglī der Wilde
janmdin Geburtstag
jānnā kennen, wissen
janūn Wahnsinn
jānvar Tier
jāṛā Winter
jarman deutsch, Deutsche (-r)
jarmanī Deutschland
javāb Antwort
jāvab denā antworten
javān jung
jel (w) Gefängnis
jhīl (w) See, der
jhūṭh bolnā lügen
jhūṭh bolnevālā Lügner
jī Herr
jīnā leben (physisch)
jītnā gewinnen
joṛā Paar
jūte Schuhe

K

kā (**ke**, **kī**) von (Besitz)
kab? wann?

kabhī nahīñ niemals
kabhī ... kabhī ... manchmal ... manchmal ...
kāgaz Blatt, Papier
kāgaz ke phūl Papierblumen
kahāñ se? woher?
kahāñ? wo?
kahānī (w) Geschichte, Erzählung
kaho nā! sag mal!
kaimrā Kamera
kaisā? wie?
kal gestern, morgen
kālā schwarz
kalā (w) Kunst
kalākār Künstler
kāliyā der Schwarze
kalpanā (w) Phantasie, Vermutung
kam ein bisschen, etwas, wenig
kām Arbeit
kām karnā arbeiten
kam se kam etwa, ungefähr
kamānā verdienen
kāmkār Angestellter
kāmkhānā Fabrik
kampanī (w) Firma
kamrā Raum, Zimmer
kamzor schwach
kaṅgan Armreif
kāṇṭā Dorn (einer Blume)
kanyā (w) Jungfrau
kapṛā Stoff
kapṛe Kleidung
kāraṇ Grund
karnā machen, tun
kārobār Handel
kārobārī Händler
karz Tiefe
kathā (w) Erzählung, Geschichte, Story (Film)
kāṭnā schneiden
kaun? wer?
kaunsā? welcher?
ke āge vor (örtl.)
ke bād danach, nach (zeitl.)
ke bagair ohne
ke binā ohne
ke khilāf gegen
ke li(y)e für, damit, wegen
ke nīche unter
ke pās bei
ke pās honā haben
ke pehle vor (zeitl.)
ke pīche dahinter, hinter
ke sāmne vor (örtl.)
ke sāth mit
ke ūpar über (örtl.)
ke viruddh gegen
kehnā sagen
kendra Zentrum
keseṭ ṭeb Kassette
khabareñ (w) Nachrichten
khālī leer
khalnāyak Bösewicht
khāmosh ruhig
khamoshī (w) Stille
khānā Essen, Speise, essen
khāndān Familie
khaṇḍar Ruine
khaṛā stehend
khaṛā honā stehen
kharāb kaputt, schlecht
kharīdnā kaufen
khat Brief
khatam karnā aufhören, beenden
khatarnāk gefährlich
khatrā Gefahr
khaṭṭā sauer (Geschmack)
khauf Angst
khel Spiel, Sport
khelnā spielen
khet Feld (Acker)
khetī bāṛī (w) Landwirtschaft
khilaunā Spielzeug
khiṛkī (w) Fenster
kholnā öffnen
khonā verlieren (Dinge)
khubsūrat schön, hübsch (Personen)
khūd selbst
khudā Gott (unter Moslems)
khūn Blut
khush fröhlich, glücklich, zufrieden
khush honā freuen, sich
khushbū guter Geruch
khushī (w) Glück
ki dass

kī talāsh karnā suchen
kī zarūrat honā brauchen
kidhar? wo?, wohin?
kisān Bauer
kitāb (w) Buch
kitnā? wie viel?
ko nach (Richtung)
ko cāhiye müssen, sollen
ko gussā ānā wütend sein, wütend werden
ko paṛegā müssen, sollen
kofī (w) Kaffee
koī irgend (-wer/-was), jemand
koī bāt nahīñ das ist egal, das macht nichts
koī nahīñ niemand
korā neu, ungebraucht, nicht verblichen
koshish (w) Versuch
koshish karnā versuchen
kriṣi (w) Landwirtschaft
kuañ Brunnen
kuch etwas, ein paar, einige
kuch na batānā schweigen
kuch nahīñ nichts
kuttā Hund
kyā? was?
kyoñ? warum?
kyoñki weil

L

lādnā tragen
lafz Wort
lagān (w) Grundsteuer (auf Land)
lagbhag etwa
lagnā sich fühlen, kosten (Preis)
lakṛī (w) Holz
lāl rot
lambā lang (nicht kurz)
lamhā Augenblick
lānā (it) bringen
laṛāī (w) Kampf, Streit
laṛkā Junge
laṛkī (w) Mädchen
laṛnā kämpfen
lauhā Eisen
le ānā (it) bringen
lefṭ links
lekin aber
lenā holen, nehmen
likhnā schreiben
log Leute

M

machlī (w) Fisch
mācis Streichhölzer
madad (w) Hilfe
madad karnā helfen
māf karo! Entschuldigung!
magar aber
mahal Palast, Herrenhaus
mahatvapūrṇ wichtig
maheñgā teuer
mahīnā Monat
maidān Park, Sportplatz
mailā schmutzig
maiñ ich
maiñ khūd ich selbst
majbūr hilflos, ohne Ausweg
majnūñ verrückt (nach Liebe), Personenname
makān Haus
mālik Chef
māmā Onkel (mütterl.)
māmī (w) Tante (mütterl.)
mamtā (w) Zuneigung, Zärtlichkeit
manā verboten
manānā überzeugen
manthan bewegt (emotional), aufgewühlt
manzil (w) Stockwerk
maqbūl akzeptiert, angenommen
marā huā tot
mārnā schlagen, töten
marnā (it) sterben
masalan zum Beispiel
masāledār scharf
mashhūr berühmt
masjid (w) Moschee
mast betrunken
māsūm unschuldig, einfach
mātā (w) Mutter

mātā-pitā Eltern
matlab Bedeutung, das heißt
mausam Jahreszeit, Wetter
maut (w) Tod
mazedār schmackhaft
mehmān Gast
mehmān navāzī (w) Gastfreundschaft
melā Feier
meñ in (zeitl./örtl.)
menyū Speisekarte
mihrbānī (w) Liebenswürdigkeit
mihrbānī karke bitte
milan Zusammentreffen
milnā Besuch, besuchen, erhalten, finden
mīnār (w) Turm
minaṭ Minute
mirc (w) Chili
mīṭhā süß
moṛnā drehen
moṭā dick
moṭar Motor
moṭarsāikil (w) Motorrad
muddat (w) Dauer
muft kostenlos
mugal-e azam der große Kaiser
muhabbat Liebe
muhabbat karnā lieben
mujrim honā schuldig sein
mulk Land, Staat
mumkin möglich
muqābalā Herausforderung, Konfrontation
muqaddar Schicksal
muqaddar kā sikandar Mann des Schicksals
muqaddas heilig
murdā tot
mūrkh dumm
muṛnā (it) abbiegen, drehen
musāfir Reisender
musalmān Moslem
mushkil kompliziert, schwierig
mushkil (w) Problem
muskurānā (it) lächeln
muslim Moslem

N

na mumkin unmöglich
nā, na nicht, doch, mal
nāc Tanz
nācnā (it) tanzen
nadī (w) Fluss
nahānā baden
nahīñ nein, nicht
nām Name
namak Salz
namak harām undankbar, unloyal
namaskār Gruß
namaskār karnā grüßen
namaskār! Guten Tag!
nambar Nummer
namkīn gesalzen, charmant
nānā Großvater (mütterl.)
nānī (w) Großmutter (mütterl.)
naqlī künstlich
naqshā Landkarte
nāraṅgī orange (Farbe)
nartak Tänzer
nartakī (w) Tänzerin
nashā Betrunkenheit
nasīb Glück
nāv (w) Boot
nayā neu
nāyak Held
nāyikā (w) Heldin
nazdīk nah
nīcānagar Slum, armes Stadtviertel
nikās Ausgang
nīlā blau
nimantraṇ Einladung
nimantraṇ denā jmd. einladen
nirdeshak Regisseur
nirdosh honā unschuldig sein
nishānt ruhig, friedlich
niyojan Verabredung
nṛtya Tanz
nṛtya racnā (w) Choreographie

P

pāgal verrückt
pahannā anziehen, sich
pahāṛ Berg
pahāṛī silsilā Gebirge
pahuñcnā ankommen
paidal zu Fuß
pair Fuß
paise Geld
paise denā bezahlen, zahlen
paiṭrol Öl (Erd-)
pakānā kochen
pākīzā keusch, rein
pal Moment
palaṅg Bett
pānī Wasser
panīr Käse
pāp Schuld (moral., relig.)
par auf
pār Ufer
pardesh Ausland
pareshān ängstlich
paṛhnā lernen, lesen
paricay kennen lernen, bekannt werden
parindā Vogel
parivār Familie
pārk Park
paṛosī Nachbar
paṛosin (w), **paṛosan** (w) Nachbarin
pārshvagāyak Playback-Sänger
pārshvagāyikā (w) Playback-Sängerin
parsoñ übermorgen, vorgestern
paryaṭak Reisender
pās nah
pashcim Westen
pāsporṭ Pass, Reisepass
patā Adresse
pati Ehemann
patjhaṛ Herbst
patlūn Hose
patnī (w) Ehefrau
patthar Stein
pavitr heilig
pen Stift
peṛ Baum
peshā Beruf
peṭ bharā huā satt
phal Früchte, Obst
phir danach, dann, später
phūl Blume
pīlā gelb
pīnā trinken
piñjar Käfig
piyā Geliebter, Schätzchen
plān Plan
polīs (w) Polizei
prakriti (w) Natur
prasiddh berühmt
pratishravan Playback
pravesh Eingang
pravesh karnā einsteigen, eintreten
prem Liebe
prem rog Liebeskummer
premī Liebender, Liebhaber
premikā (w) Liebende, Liebhaberin
proḍyūsar Produzent
progrām Programm
pūchnā fragen
pukār (w) Ruf, Schrei
pūl Brücke
pūrab Osten
purānā alt (Dinge)
pūrṇ voll
pūrva Osten
puṣpak Blume
pustak (w) Buch
pyār Liebe
pyār karnā lieben
pyās lagnā durstig sein
pyāsā durstig

Q/R

qānūn Gesetz
qarz Schuld (finanz.)
qasam (w) Schwur, Eid
qayāmat Tag des Jüngsten Gerichts
qilā Burg, Schloss (Gebäude)

qismat (w) Schicksal
rahnā (it) bleiben, leben, wohnen
rahnevālā Einwohner
rājā König
rājnīti (w) Politik
rakhnā legen
raṅg Farbe
raṅgīlā lebenslustig
raṅgīn bunt
rasham Seide
rasm aur rivāj Tradition
rassī (w) Seil
rāstā Weg
rāt (w) Abend, Nacht
rāt kā khānā Abendessen
rāy Meinung
rayṭ rechts
reḍiyo Radiogerät
registān Wüste
relgāṛī (w) Zug
relve (w) Eisenbahn
relve sṭeshan Bahnhof
resṭoranṭ Restaurant
rishtā Beziehung
roknā halten
ronā weinen
roshnī (w) Licht
roṭī (w) Brot
rozā Fasten
ruknā (it) anhalten, halten

S

sab (**kuch**) alles
sābūn Seife
sabzī (w) Gemüse
sac echt, richtig, wahr
sāf sauber
sāf karnā sauber machen
safar Reise
safar karnā abreisen, reisen
safed weiß
sahamat honā einverstanden sein
sāhib Herr
sājan Liebhaber, Ehemann
saknā können
sāl Jahr
salām Gruß
sālgirah (w) Geburtstag
samācār Nachrichten
samajhnā verstehen
sāmān Gepäck
samāroh Feier
samay Zeit
samay lagnā dauern
sambhav möglich
samjhānā erklären
sāmne kā gegenüber
samsyā (w) Problem
samudr Meer
samūh Gruppe
saṅgam Treffen, Vereinigung (auch sex.)
saṅgharṣ Konflikt, Streit
saṅgīt Musik
saphaltā (w) Erfolg
sar Herr
saṛak (w) Straße
sārāṃsh Zusammenfassung, Synopsis
sardī (w) Kälte, Winter
sarfarosh furchtlos
sarkār (w) Regierung
sastā billig
sāth neben
sāth sāth zusammen
sāthiyāñ Kumpanen, Komplizen
satī (w) Witwenverbrennung
satya Wahrheit, Realität
satyakām wahrheitsliebend
saudāgar Händler
savāl Frage
saverā Morgen
sazā Strafe
sazā karnā bestrafen
se als (Vergleich), aus, durch, mit, seit, von
se khauf lagnā sich fürchten (vor)
se milnā sich bekannt machen, kennen lernen (jmd.), sich treffen (mit)
se pahle bevor, vorher
shabd Wort
shabdkosh Wörterbuch
shādī (w) Heirat
shahanshāh König der Könige

shaitān Teufel
shakk ke bagair zweifellos
shakti (w) Stärke
shām (w) Abend
shantī (w) Frieden
sharābī Alkoholiker, Säufer
sharīf ehrwürdig
sharmīlā schüchtern
shaucālay Toilette
shauhar Ehemann
shāvar Dusche
shāyed vielleicht
shehr Stadt
sher Löwe
shikāyat (w) Klage
shikshak Lehrer
sholā Flamme
shorbā Suppe
shrī Herr
shukriyā danke
shurū karnā anfangen, beginnen
sīdhā geradeaus
sigreṭ (w) Zigarette
sigreṭ pīnā rauchen
sikandar Alexander (der Große), Mann
sikhānā lehren, unterrichten
sīkhnā lernen
silsilā Serie, Kette, Ordnung
sīmā Grenze
sinemā Kino, Film
sinemā udyog Filmindustrie
sinha Löwe
sipāhī Soldat
sirf nur
sīṛhī (w) Treppe
sitārā Stern
siyāsat (w) Politik
snān Badezimmer
snān karnā baden
sneh Liebe
socnā denken, meinen, nachdenken
sonā Gold
sonā schlafen
sparsh Berührung, Fühlen
sthān Ort, Platz, Stelle
subah (w) Morgen
sūkhā trocken
sundar schön, hübsch (Personen)
sunnā hören
sūraj Sonne
sūrya Sonne
sūṭkes Koffer
svabhāv Naturell
svadesh Heimat
svāgat Gruß
svasth gesund
svatantratā (w) Freiheit
svīsra Schweiz
svīsrī Schweizer(in)

T

tabīyat (w) Gesundheit
tairnā schwimmen
tak bis
tāki um zu
tāl Rhythmus
talāsh-e haq Suche nach Gerechtigkeit
tambākū (w) Tabak
tandurust gesund
tandurustī (w) Gesundheit
taṅg eng
tanhā allein
ṭāpū Insel
taqrīban fast, ungefähr
tārā Stern
taraf (w) Richtung, Seite
tārīkh (w) Datum, Geschichte (Hist.)
tasvīr Bild
tasvīr banānā malen
tauliyā Handtuch
tayyār bereit, fertig
tayyār karnā vorbereiten
tel Öl (Speise-)
tezāb Säure
tezī se eilig
thakā müde
thaknā (it) müde sein
ṭhaṇḍā kalt, kühl
ṭhīk gut
thiyeṭar Theater
ṭī vī Fernsehgerät
ṭikaṭ (m oder w) Eintrittskarte, Fahrkarte

to so, doch
ṭren (w) Zug
trishūl Dreizack (v. a. der Shivas)
tū du
tum du, ihr
turant sofort

U

udāharaṇ zum Beispiel
udās traurig
udhar dorthin
umar (w) Alter
ummid (w) Hoffnung
ūn Wolle
ūñcā hoch
ūñṭ Kamel
upabhāṣā (w) Dialekt
upahār Geschenk
uṛnā (it) fliegen
us ke bād danach, dann, später
utarnā (it) aussteigen
uṭhnā (it) aufstehen
uttar Norden

V

vahāñ da, dort
vajah (w) Grund
vālā Besitzer
vālidā (w) Mutter
vaqt Zeit
vasant Frühling
ve sie (Mz)
videsh Ausland
videshī Ausländer, ausländisch, Fremd, Fremder
vimān Flugzeug
vīr Held
vīrāṅganā (w) Heldin
vishvās karnā glauben
voh er, sie (Ez)
vyaktigat privat

Y

yā oder
yād (w) Erinnerung
yād ānā (it) erinnern, sich
yahāñ hier
yānī das heißt
yātrā (w) Reise
yātrā karnā abreisen, reisen
ye sie (Mz)
yeh er, sie (Ez)
yuddh Krieg
yuvā jung

Z

zabān (w) Sprache
zakhm Verletzung
zakhmī verletzt
zamīn (w) Erde, Land
zañjīr (w) Kette, Fesseln
zarā bitte ...
zarūr! natürlich!, selbstverständlich!
zarūrī nötig, notwendig
zarūrī hai dringend, es ist
zindagī (w) Leben
zor se laut
zukām Grippe

Der Autor

Daniel Krasa M.A. wurde 1976 in Wien geboren und interessiert sich seit seinem 15. Lebensjahr für diverse orientalische Sprachen. Zwischen 1999 und 2002 studierte er an mehreren indischen Universitäten verschiedene nordindische Sprachen und bereiste extensiv den Subkontinent. Kein Wunder, dass er in dieser Zeit auch schnell zum eingefleischten Bollywoodfan wurde.

Daniels Lieblingsfilme sind u. a. **Shri 420** (Raj Kapoor, 1955), **Sholay** (Ramesh Sippy, 1975), **Lagaan** (Ashutosh Gowarikar, 2001) und **Swades** (Ashutosh Gowarikar, 2004).

Zur Zeit arbeitet er als freier Autor und Dokumentarfilmer und „erkundet" weiterhin unaufhaltsam unseren Planeten. Von Daniel stammen im Reise-Know-How Verlag auch die Kauderwelsch-Bände: Algerisch-Arabisch, Arabisch für die Golfstatten, Französisch für Tunesien, Urdu, Punjabi, Gujarati, Marathi, Englisch für Indien, Romani, sowie der Reiseführer Ibiza & Formentera.

Itnī āsānī se āpne keh diyā that's all?
so-sehr Einfachheit von Sie-durch sagen (-) gegeben „das war's"
So einfach glauben Sie sagen zu können „das war's"?